高职高专公共基础课系列教材

大学生入学教育及素质提升

主　编　陈　航　严诗瑶　刘丹丹
副主编　骆　爽　蒋　曦　王玉琴
　　　　黄天兴　何理均
编　委　姚　菡　易　珊　夏晓天
　　　　刘彦超

西安电子科技大学出版社

内 容 简 介

为了帮助大学新生尽快了解、适应大学生活，顺利完成从高中到大学的过渡，我们满怀热忱地编写了本教材。

本教材共分为三个部分。第一部分学院概况，主要介绍学校的基本情况和专业；第二部分走进大学生活，涵盖大学阶段的学习、生活、人际交往、安全防范、心理健康等主要方面；第三部分职业素质提升，介绍如何培养和提升职业素质，引导大学生在全面客观地认识自己和社会环境的基础上，正确定位，确立合理目标，科学规划人生，同时结合社会与职场要求，积极培养和提高自己的综合素质尤其是职业素质，为将来进入社会、立足职场和成就自我做好准备。

本书主要针对刚踏进大学的大一新生，每年秋季开学时使用。本书既是大学生入学教育的教材，又是学生自学解惑的读本，对大学生适应大学生活有重要的指导意义。

图书在版编目(CIP)数据

大学生入学教育及素质提升 / 陈航，严诗瑶，刘丹丹主编. —西安：西安电子科技大学出版社，2021.9
ISBN 978-7-5606-6180-3

Ⅰ.①大… Ⅱ.①陈… ②严… ③刘… Ⅲ.①大学生—入学教育—高等学校—教材②职业道德—高等学校—教材 Ⅳ.① G645.5 ②B822.9

中国版本图书馆 CIP 数据核字(2021)第 175382 号

策划编辑 杨丕勇
责任编辑 权列秀 杨丕勇
出版发行 西安电子科技大学出版社(西安市太白南路 2 号)
电　　话 (029)88202421 88201467 邮　　编 710071
网　　址 www.xduph.com 电子邮箱 xdupfxb001@163.com
经　　销 新华书店
印刷单位 陕西天意印务有限责任公司
版　　次 2021 年 9 月第 1 版 2021 年 9 月第 1 次印刷
开　　本 787 毫米×980 毫米 1/16 印张 11.75
字　　数 232 千字
印　　数 1～3000 册
定　　价 34.80 元
ISBN 978-7-5606-6180-3 / G
XDUP 6482001-1
***如有印装问题可调换

前　言

时维九月，序属三秋，大地流金，万物呼晴。在这个金秋送爽、硕果飘香、享受丰收喜悦的季节里，带着青春的讯息，新学期的集结号又一次激荡在我们美丽的校园。大学征程不仅是一段个人成长的重要里程，更是一个创造历史的绝佳机会。

大学，是一个师生共同探索、发现和创造的旅程，追随好奇心，以创新和批判的眼光，探求知识背后的思维方式，你一定会斩获很多。“学以成人”是一个伴随我们一生的命题。哲学从理论层面思考“学以成人”，教育则是“学以成人”的实践。习近平总书记在全国高校思想政治工作会议上指出：“做好高校思想政治工作，要因事而化、因时而进、因势而新。”思想活跃是高校学生的重要特征，各种思想观点在高校交汇，各种价值观念在这里碰撞。“泰山不让土壤，故能成其大；河海不择细流，故能就其深。”我们要秉持尊重差异、包容多样的态度，在多元中立主导，在多样中谋共识，在多变中定方向，让一切有益思想文化的涓涓细流汇入主流意识形态的浩瀚大海。

亲爱的同学们，新的梦想已经启程。少年智则国智，少年富则国富，少年强则国强，少年独立则国独立，少年自由则国自由，少年进步则国进步。

本书结合高职学生的特点和教育规律，以入学教育为契机，以大学生学习和生活为主要内容，旨在帮助大学新生顺利度过初入大学的适应期，促进其素质的全面提升和健康成长。本书内容系统全面，语言通俗易懂，针对性、实用性强，具有鲜明的时代性。

在编写本书的过程中，我们参阅了一些国内外专家的研究成果和文献资料，在此对原作者表示感谢！我们也得到众多教师和学生的宝贵建议，在此，谨向他们表示衷心的感谢！

由于编者水平有限，书中难免存在不足和疏漏之处，敬请各位专家、读者批评指正。

编　者

2021 年 5 月

目　　录

第一部分　学 院 概 况

第二部分　走进大学生活

第三部分　职业素质提升

第一部分　学院概况

第一章　高等职业院校概述

进入大学是莘莘学子的梦想，但是进入大学是否就意味着“万事大吉”呢？答案是否定的，因为大学只是成功道路的阶梯，而不是“保险箱”。作为大学新生的你，首先要了解大学、正确认识大学的基本情况，以便于迅速融入大学生活；其次要认真体会大学生活与高中生活的区别，尽快适应；再者要重新审视自己，做一个认知自我的人。只有在自我认识、社会适应、社会责任等方面不断获得经验，在思想和行为上摆脱对外界的依赖，才能开拓自己未来的人生。

第一节　高等职业院校概述

一、职业院校概述

2014 年 6 月国务院印发了《关于加快发展现代职业教育的决定》，全面部署加快发展现代职业教育。中国职业教育事业快速发展，体系建设稳步推进，培养培训了大批中高级技能型人才，为提高劳动者素质、推动社会经济发展和促进就业作出了重要贡献。

2020 年 10 月国务院印发的《深化新时代教育评价改革总体方案》明确提出，健全立德树人落实机制，扭转不科学的教育评价导向，充分考虑“职业教育与普通教育是两种不同教育类型，具有同等重要地位”，基于职业教育类型特征，在学校评价、教师评价、学生评价、用人评价等方面提出改革措施，明确实施路径。这为我国加快建设中国特色现代职业教育指明了前进方向，提供了根本依据，有利于基于类型特征构建现代职业教育评价体系。

二、高等职业院校分类

我国的高等教育分为两种形式：大学本科(简称大本、本科、大学)和大学专科(简称大专、专科)。两者的区别主要有两点：一是学制，大学本科 4～5 年，大学专科 2～3 年；二是学位，大学本科可申请学士学位，大学专科没有学位。

大专教育主要有两种形式：高等专科学校和高等职业技术学校(职业技术学院、职业学院)。两者只是侧重不同，没有本质区别，前者重能力(如师范高等专科学校)，后者重技术(如工业职业技术学校)。

第二节 高等职业院校的特点、性质

一、高等职业院校的特点

高等职业教育的产生，加速了我国高等教育的发展，为民族素质的提高和综合国力的提升起到了巨大的推动作用。高等职业院校具有如下特点：

(1) 先进的办学理念。高职院校联通职业教育、素质教育和终身教育，树立全面发展的人才观和帮助人人成功的职教理念。

(2) 严谨的教学体系。高职院校教学设备条件优良、管理规范，校内实验实训基地和校企合作实习实训基地的使用效能高；专业教学标准与质量评价标准体系科学、简洁、严谨，学生职业素质与职业技能评价标准不断完善，教育教学质量监控与评价机制健全。

(3) 特色的师资队伍。高职院校从课程教学、实践能力、职业素养等方面打造教学水平和实践能力并重的技术技能型教学团队。

(4) 精湛的管理水平。高职院校领导班子和管理团队能立足市场、高瞻远瞩，严格遵循职业教育教学规律，积极推动现代职业院校的治理体系建设，从绩效分配、选人用人机制、评价机制等方面推进院校内部管理体制机制改革。

(5) 卓越的组织文化。高职院校先进的办学理念和追求卓越的精神成为院校组织的文化，成为院校全体成员的共识并转化为生活行为方式。

二、高等职业院校的性质

高等职业院校是开展高级应用技能教育的高等院校，需要把握好以下几方面：

第一，不能简单地把高职院校教育等同于就业教育。

第二，高职院校要根据社会需求培养专业人才，根据明天的科技培养今天的人才。

第三，高职院校教育不同于职业技术培训教育，掌握与运用技能不是高职院校教学的唯一目的。

第四，高职院校必须加强科研工作，在应用性研究、科技创新、为社会服务与促进经济发展方面有所作为。

第五，职业性是高职院校的一般属性，不是本质属性，学生的归宿是要进入具体某个领域、某个行业从事某项工作。

第三节　高等职业院校的功能及学生学历提升途径

一、高职院校的功能

(1) 传播知识。高职院校通过课堂教学、科学研究、学术探索向学生传授各种学科、门类的科学文化，引导青年人认识未知世界，探求客观真理，推进知识创新，为人类文明的宝库不断增添新的财富，从而实现创新和发展人类文明的功能。

(2) 培养人才。高职院校的人才培养不仅是传授专业知识与专业技能，更重要的是促进大学生的全面发展，塑造他们高尚的精神品质，使之具有广博的知识、深厚的基础和进行有效思维、表达交流思想、作出判断鉴别的能力，具有获取知识和创新的能力，具有较强的对经济和社会变化的适应能力，从而使他们成为服务于中国特色社会主义事业的劳动者、建设者、管理者、领导者。

(3) 科学研究。高职院校科学研究的开展，使大学的学科、专业和课程建设、教学内容及方式等，与科学技术的发展紧密联系在一起。新的科学研究成果进入大学课堂，是大学教学内容得以不断更新、学术水平不断提高的主要源泉。开展科学研究并让学生参与其中，更是激发学生的创新灵感、培养学生创新精神的重要途径。

(4) 服务社会。高职院校通过不断为社会提供新思想、新观念和具有创新思想、创新能力的人才，不断影响、引导社会发展。高职院校作为传播、创造和使用新知识的集散地，通过产、学、研一体化的发展模式，促进了科技成果向现实生产力的转化。

二、高职学生学历提升途径

(一) 专衔本(专科衔接本科)

1. 培养目标

专衔本专业的培养目标参照开设同样专业的一般普通高校或高等职业学校的培养目标来确定，课程考试标准与同层次同专业普通高等学校或高等职业学校的要求大致相当。

2. 优势

(1) 最省时间。

(2) 费用低。

(3) 过关率高。

3. 文凭及待遇

专衔本文凭由国家教育部印刷，自考委和主考本科院校共同签章，在中国教育网上电子注册，国家承认学历，与普通高校本科文凭具有同等效力。

(二) 专升本(统招专科升入本科)

国家教育部政策法规司规定，普通高校统招生专升本为国家统招计划普通全日制学历，本科为第一学历。专升本是全日制普通高等教育性质的本科，指在普通高等学校专科应届毕业生中选择优秀学生升入普通高等学校本科层次进行两年制的深造学习，修完所需学分，毕业时授予普通高等教育本科学历证书，符合条件的颁发学位证书，并核发本科就业报到证。

(三) 自考本科(自学考试本科)

自考本科是中国基本高等教育制度之一，成绩合格后由主考学校和高等教育自学考试委员会联合颁发大学毕业证书，国家承认学历，学信网可查，符合条件者由主考大学授予学士学位。自考本科学历享受与普通高等教育毕业证书相同的法律效力，工资待遇也按照普通高等学校同类毕业生工资标准执行。

第二章　学院基本情况

湖南邮电职业技术学院为公办全日制普通高校，创办于 1958 年，为中国电信旗下的大专高职院校。建校以来，学院为全国输送信息通信人才逾六万，被誉为“湖南邮电黄埔军校”，是信息通信行业“大国工匠”的摇篮。

学院位于湖南省省会长沙市中心，距市区核心商圈、火车站、高铁站、机场仅半小时左右车程。学院环境幽雅，条件优越，占地 25.41 万平方米，学生生活学习环境实现空调和无线网络全覆盖，是湖南省园林式单位、长沙市花园式单位。

学院是湖南省示范性骨干高职院校、教育部人才培养工作评估优秀院校、国家现代学徒制试点院校、湖南省教育信息化试点院校。依托行业办学背景，学院成为湖南省智慧校园标杆，是中华邮电总工会信息通信行业新时代 5G 建设工匠学院、全国智慧家庭装维工程师培训基地、全国邮政人才培养基地，也是中国电信、中国移动、中国联通的培训基地。

学院拥有雄厚的师资，副高以上职称教师达 70%，双师素质教师达 82.35%。同时，学院聘有行业专家、企业高管等领军人才作为客座教授，助力学院培养更接近市场、更具实操性的实用型人才。

学院秉承“文明、博学、求实、创新”的校训，坚持“学历教育铸精品，做优做专”的发展思路，对接产业与行业，工学融合，构建“以通信类专业为主，计算机类、经管类专业协调发展”的专业格局；现设有信息通信学院、人工智能学院、经济管理学院和通识教育学院，开设现代通信技术、现代移动通信技术、通信工程设计与监理、移动应用开发、大数据技术等 18 个专业及方向，通信技术、移动互联网、信息服务管理三大专业群均为省级一流特色专业群。近年来，学院学生参加全国各类专业技能竞赛，获得国家级一等奖、二等奖、三等奖达 39 人次，获省级一等奖、二等奖、三等奖达 216 人次，成绩优异。

学院是湖南省高职高专招生就业先进院校，毕业生大多进入信息通信行业，并已成长为全国通信运营商、基础电信企业及其上下游企业的中流砥柱。近年来，毕业生深受中国电信、中国移动、中国联通、中国通服等信息通信企业青睐；学院历年的毕业生就业率和就业质量均稳居全省高职院校前列。学院坚持国际化视野，有国外留学通道；同时，为学生提供专升本途径；也是通信士官和大学生村官的定点选送院校。学院是长沙市市级创业孵化基地，校内拥有中国电信 10000 号实训基地，学生创办的“云邮通信”年产值逾两千万元，涉及智慧校园、智慧园区的设计、施工与监理，始终立足于信息通信行业最前端。

信息通信产业是支撑国民经济和社会信息化发展的重要支柱。随着我国“网络强国”“数字中国”“智慧社会”及湖南省“三高四新”等战略的实施，以及以 5G 移动通信、物联网、云计算、大数据、人工智能为代表的新一代信息通信技术的演进，信息通信产业也将进入新一轮的高速发展期，学生的就业前景将更加广阔。

第三章　学院专业介绍

一、信息通信学院

(一) 现代移动通信技术(5G 移动方向)

现代移动通信技术(5G 移动方向)专业面向移动通信行业，培养德、智、体全面发展，掌握移动通信的基本理论、基本方法和操作技能，具有较强的计算机应用能力，具备从事4G/5G 基站系统勘察与设计、基站系统维护、通信设备制造以及通信工程管理等岗位的高素质技术技能人才。该专业引入 NC 认证体系、“中兴通讯 S.M.A.R.T.职业规划教育体系”“中兴通讯职业素质教育体系”，提供海外留学机会。

NC 学院的毕业生将纳入以中兴通讯强大的供应链体系为依托建立的 NC 学员专属的就业支持体系，在企业和学生之间建立方便快捷的沟通渠道，最大限度地促进毕业生就业。该专业方向的学生入校即与中兴通讯签订就业服务协议，并可推荐到中兴通讯及产业链、中国移动、中国联通、中国电信、中国铁塔、通信规划设计院、网优公司、通信工程公司等企业，从事移动网络规划设计、移动网络优化、移动通信工程项目管理、移动业务支撑等岗位的工作。

(二) 现代移动通信技术

现代移动通信技术专业面向移动通信行业，培养德、智、体全面发展，掌握移动通信的基本理论、基本方法和操作技能，具有较强的计算机应用能力，具备从事移动通信室分系统设计与施工、室分系统维护、基站系统勘察与设计、无线网络优化等岗位的高素质技术技能人才。

学生毕业后可到中国移动、中国联通、中国电信、中国铁塔等通信运营商以及移动通信设备制造商、通信规划设计院、通信工程建设公司、移动通信维护公司等单位，从事室分系统设计与施工、基站勘察与设计、基站建设与维护、移动业务支撑与服务管理、移动终端维修等岗位的工作。

(三) 现代通信技术

现代通信技术专业是国家高等职业教育创新发展行动计划骨干专业，是省级示范性特色专业、省级精品专业、省级示范性特色专业群核心专业、省级一流特色专业群核心专业，是我院复合性强、专业优势明显的拳头专业。现代通信技术专业拥有省级教学团队、省级专业带头人、省级重点实习实训基地、中央财政专项资金支持的实训基地。专业紧跟网络强国、数字中国、智慧社会等国家战略部署，对接信息通信行业发展及人才需求，培养德、智、体、美、劳全面发展，熟练掌握电子信息技术、通信网络技术等领域基本理论、基本方法和操作技能，具备信息通信网络设计、信息通信设备安装调测、信息通信网络综合化维护等职业能力的高素质技术技能人才。

该专业毕业生的就业主要面向中国电信、中国移动、中国联通、中国铁塔、中国通信服务、中兴通讯、华为技术及信息通信产业的其他公司，从事通信网络设计、通信设备安装调测、通信网络综合化维护等岗位相关工作。

(四) 现代通信技术(智能装维方向)

现代通信技术(智能装维方向)专业是我院重点建设的专业之一。在 2019 年湖南省高职高专院校专业技能抽查中，本专业的考核标准(含题库)评价为优秀。该专业累计为社会输送高素质人才近千人，毕业生深受社会和用人单位的欢迎。该专业遵循“德育为先、技能为本、全面发展”的育人理念，主动适应国家、地方与行业社会经济发展需要，培养具有社会责任感、良好职业道德和创新思维，熟练掌握通信工程基础理论、基本方法和操作技能，能够在通信领域从事设计、工程项目管理和监理等工作的高素质技术技能人才。

该专业毕业生的就业主要面向通信网络运营商、通信规划设计院、通信工程项目管理咨询公司、通信工程建设公司等企业，从事通信工程勘察与设计、通信工程项目管理、通信工程监理等岗位的工作。毕业生所从事的领域市场广阔，仅中国移动 2020 年至 2021 年通信工程设计与可行性研究集中采购预估规模就高达 400 亿人民币。

(五) 通信工程设计与监理

我院是湖南省唯一开设通信工程设计与监理专业的高职院校，通信工程设计与监理专业是我院重点建设的专业之一。在 2019 年湖南省高职高专院校专业技能抽查中，该专业的考核标准(含题库)评价为优秀。该专业累计为社会输送高素质人才近千人。

该专业毕业生的就业主要面向通信网络运营商、通信规划设计院、通信工程项目管理咨询公司、通信工程建设公司等企业，从事通信工程勘察与设计、通信工程项目管理、通信工程监理等岗位的工作。

(六) 光通信技术

光通信技术专业是国家高等职业教育创新发展行动计划骨干专业，是国家级第三批现代学徒制试点专业、省级示范性特色专业群骨干专业。该专业面向通信企业培养同社会主义现代化建设要求相适应，德智体美劳全面发展，具有良好政治素质和职业素质，具有光通信技术专业基本素质和能力、计算机应用能力、光通信技术业务能力，具备光通信工程设计、施工、维护技能，主要在通信建设工程公司、通信设计公司、通信维护公司等工作的高级技术技能专门人才。

该专业毕业生的就业主要面向通信设计企业、通信建设工程公司、通信监理公司和通信代维公司等企业，主要从事光通信工程的规划、设计与优化，光通信工程建设、施工、监理及项目管理，光通信末端宽带网络的安装、维护及服务等工作。

(七) 现代通信技术(光网工程方向)

现代通信技术(光网工程方向)专业是国家高等职业教育创新发展行动计划骨干专业，是国家级第三批现代学徒制试点专业、省级示范性特色专业群骨干专业。该专业面向通信企业，培养同社会主义现代化建设要求相适应，德智体美劳全面发展，具有良好政治素质和职业素质，具有光网络工程方向的基本素质和能力，具备光网络工程设计、施工、维护技能，具备光传输设备设计、施工、维护技能，主要在通信设计公司、通信建设工程公司、通信运营公司等工作的高级技术技能专门人才。

该专业毕业生的就业主要面向通信设计企业、通信建设工程公司、通信监理公司和通信代维公司等企业，主要从事光网络工程的规划、设计、建设、维护、监理及项目管理，光网络设备设计、建设、维护等工作。

二、人工智能学院

(一) 智能互联网络技术

智能互联网络技术专业以社会需求为导向，面向物联网及通信行业，培养德、智、体、美、劳全面发展，掌握通信技术、传感技术、网络技术、信息处理技术等物联网工程领域基本知识与技能，熟悉各类物联网设备基本原理及调测维护，物联网综合系统的组成、运行、管理等知识，具备物联网工程开发与调试、物联网设备选型与安装、物联网项目设计与施工、物联网系统集成与维护能力，适应通信技术发展和社会需要的高素质技术技能人才。本专业与中兴教育合作共建。

该专业学生入校即与中兴通讯签订就业服务协议，毕业后可推荐到中兴通讯及产业链、中国电信、中国移动、中国联通、虚拟运营商、物联网工程建设与维护公司、物联网项目开发与服务公司等企业，从事物联网工程规划与设计、物联网项目施工与调测、物联网系统运行与维护等岗位的工作。

(二) 大数据技术

随着信息技术的飞速发展，移动宽带迅速提升，云计算、物联网应用更加丰富，更多的传感设备、移动终端接入网络，由此产生的数据及增长速度将比历史上的任何时期都要多、都要快。大数据时代的脚步悄然而至。当前，大数据技术专业已然成为各大高校招生的热门专业，具有十分广阔的就业前景。2020 年，我院与华为信息与网络技术学院继续深化合作，共同开展大数据技术与应用专业人才培养模式，按照华为信息与网络技术学院认证培训体系组织教学，旨在向企业输送理论知识够用、职业技能实用的创新型技术技能人才。该专业培养理想信念坚定，德、智、体、美、劳全面发展，具有一定的科学文化水平，良好的人文素养、职业道德和创新意识，精益求精的工匠精神，较强的就业能力和可持续发展的能力，掌握本专业知识和技术技能，面向软件和信息技术服务业的计算机与应用工程技术人员等职业群，能够从事数据采集、清洗与转换，大数据应用开发等工作的高素质技术技能人才。

该专业方向的学生入校即与深圳市讯方技术股份有限公司(华为技术服务有限公司教育合作伙伴)签订就业服务协议，推荐到华为及其合作企业、中国移动、中国电信、中国联通、阿里巴巴、腾讯、百度、中兴等企业，从事大数据环境部署与管理、数据采集、数据清洗、数据分析、数据可视化和大数据应用开发等岗位的工作。

(三) 电子商务

电子商务专业是国家高等职业教育创新发展行动计划骨干专业，国家 1+X 证书制度试点专业，省级中高职衔接人才培养试点专业，省级移动互联网一流特色专业群所属专业，拥有省级校企合作生产性实习实训基地。该专业培养理想信念坚定，德、智、体、美、劳全面发展，具有一定的科学文化水平，良好的人文素养、职业道德和创新意识，精益求精的工匠精神，较强的就业能力和可持续发展的能力，掌握本专业知识和技术技能，面向互联网和相关服务业、批发业、零售业等电子商务行业企业，能够从事网页(店)美工、电商平台运营、网络推广、客户服务和管理等工作的复合型技术技能人才。

学生毕业后可到阿里巴巴、百度等互联网和电子商务行业企业，从事网页(店)美工、电商平台运营、网络推广、新媒体运营、客户服务和商务咨询等岗位的工作。

(四) 移动应用开发专业

移动应用开发专业是省级移动互联网一流特色专业群所属专业，是与华为ICT学院合作共建专业。该专业培养理想信念坚定，德、智、体、美、劳全面发展，具有一定的科学文化水平，良好的人文素养、职业道德和创新意识，精益求精的工匠精神，较强的就业能力和可持续发展的能力，掌握本专业知识和技术技能，面向软件和信息技术服务业的计算机程序设计员、计算机软件测试员等职业群，能够从事Android开发、PHP开发、Web前端开发、人工智能相关应用开发等工作的高素质技术技能人才。

该专业学生入校即与深圳市讯方技术股份有限公司(华为技术有限公司教育合作伙伴)签订就业服务协议，推荐到华为及其产业链、中国移动、中国电信、中国联通、移动互联网业务提供商、智能终端制造商等企业，从事移动互联网平台(软件)构建、业务开发、设备维护与管理等岗位的工作。

(五) 移动互联应用技术(网络通信方向)

移动互联应用技术(网络通信方向)专业是省级移动互联网一流特色专业群核心专业，是与华为ICT学院合作共建专业。该专业对接湖南移动互联网战略性新兴产业，按照华为网络学院认证培训体系，培养具有移动互联网从业人员基本素质，同时具备在“通信网络”“无线网络”等领域从事工程建设、设备运行维护、业务应用与开发、技术支持等能力，适应移动互联网产业发展需要的技术技能型人才。

该专业学生入校即与深圳市讯方技术股份有限公司(华为技术有限公司教育合作伙伴)签订就业服务协议，推荐到华为及其产业链、中兴、中国移动、中国电信、中国联通、神州数码、中国普天、上海贝尔、烽火通信、爱立信等企业，从事网络系统的工程施工、安装调试、业务应用与开发等工作。

(六) 移动互联应用技术

移动互联应用技术专业是国家高等职业教育创新发展行业计划骨干专业，省级移动互联网一流特色专业群核心专业，省级专业技能考核标准(含题库)评价优秀专业，拥有省级专业教学团队。该专业对接湖南移动互联网战略性新兴产业，培养具有移动互联网从业人员基本素质，同时具备在通信网络等领域从事移动互联应用程序开发、嵌入式系统开发、移动互联应用系统集成和测试、设备运行维护、技术支持等能力，适应移动互联网产业发展需要的技术技能型人才。

该专业学生毕业后可到中国移动、中国电信、中国联通、神州数码、移动互联网产业链等企业，从事移动互联网应用系统开发、系统测试、系统集成、技术支持和智能设备运维等工作。

三、经济管理学院

(一) 电信服务与管理

电信服务与管理专业为湖南省信息服务管理一流特色专业群所属专业，是国家现代学徒制试点专业，与中国电信湖南公司建立了校企合作关系。该专业培养理想信念坚定、德技并修、全面发展，具有一定的科学文化水平、良好的职业道德和工匠精神、较强的就业创业能力，具有支撑终身发展、适应时代要求的关键能力，掌握电信服务与管理专业知识，具备政企客户服务、社区服务、业务拓展、商务谈判、标书制作、方案演示、业务安装、维护支撑等综合职业能力，在生产、经营、服务和管理第一线岗位工作的高素质技术技能型人才。

目前，电信服务与管理人才供需极不平衡：一方面，由于信息通信技术迅速发展，各个行业如政府、金融、能源等都需要呼叫中心服务，人才需求已经突破了传统电信客户范畴，电信服务与管理人才缺口大；另一方面，信息通信技术飞速发展，传统三大运营商纷纷布局企业转型升级，而在大数据、人工智能、互联网+背景下，大批量高新技术企业提供新的产品、服务和解决方案，市场急需既懂技术又懂销售的电信服务与管理人才。该专业与湖南电信客服中心合作建设国家级现代学徒制项目，具有很好的前景。

该专业毕业生主要面向通信运营商、通信服务商、外包服务商、电信增值业务服务商等企业，从事电信业务营销、社区经理、营销策划、业务支撑与管理、呼叫中心管理、售后服务、电信平台上的商务服务、信息服务、信息数据收集、数据分析、信息加工等工作。

(二) 邮政快递运营管理

快递物流行业是融合运输、仓储、货代、信息等产业的复合型服务业，是支撑国民经济发展的基础性、战略性产业。加快发展现代快递物流业，对于促进产业结构调整、转变发展方式、提高国民经济竞争力和建设生态文明具有重要意义。该专业为湖南省信息服务管理一流特色专业群所属专业，与湖南省邮政速递物流公司、顺丰速运、京东等快递物流企业建立了校企合作关系。该专业培养理想信念坚定、德技并修、全面发展，具有一定的科学文化水平、良好的职业道德和工匠精神、较强的就业创业能力，具有支撑终身发展、适应时代要求的关键能力，掌握快递物流业务规范与操作技能、快递物流市场营销技巧、快递运营规律等，在生产、建设、服务和管理第一线的高素质技术技能型人才。

该专业毕业生主要面向邮政速递企业、快递企业、物流企业、电子商务业以及相关企业物流采购部门，从事邮政普遍服务管理、快递业务基础管理、快递生产运营、客户服务与市场开发、电子商务、快递网路优化和快递企业基层管理工作。

(三) 会计

随着湖南省“四化两型”建设的实施，社会对懂信息化的会计人才的需求量旺盛。为了适应信息化企业发展对高素质技能型人才的大量需求，本专业依据“专业＋工作室＋服务”的建设模式，通过三年的专业培养，使学生构建复合型知识技能结构，达成对企业运营实践的感知、认知、熟知，具备自我持续完善发展提升的潜能，成为懂管理、懂软件、懂业务的复合型管理会计人才，符合现代信息化企业对高品质、专业化、应用型人才的岗位需求。该专业为湖南省信息服务管理一流特色专业群所属专业，建设有省级精品在线开放课程“会计基础”等信息化资源。

该专业毕业生主要面向中小企业、行政事业单位的出纳岗位、财务会计岗位、税务会计岗位、财务审计岗位、财务管理岗位，也面向会计师事务所、代理记账公司等会计、审计服务中介机构的会计、审计、税务鉴证、税务咨询岗位或金融机构一线岗位。

(四) 市场营销

市场营销专业创建于 2001 年，是湖南省信息服务管理一流特色专业群核心专业，是我院创建省级示范性骨干高职院校重点建设的四个专业之一，现有在校生近 300 人。市场营销专业 2008 年被立项为院级精品专业，2009 年在全省市场营销专业评估中位居第四名，2013 年顺利通过全省市场营销专业职业技能抽查，2012 年被评为院级优秀教学团队，在 2018 年全省市场营销专业职业技能抽查中通过率为 100%，并被确立为省信息服务管理一流特色专业群核心专业。

该专业面向中国电信、中国移动、中国联通等通信运营商及华为、中兴等通信产业链上的其他相关公司，从事通信市场调研、通信产品销售、通信业务受理、通信客户服务、市场营销策划、渠道管理等岗位的工作。

(五) 金融科技应用

随着湖南省“四化两型”建设的实施，社会对金融管理方面的人才需求量逐渐旺盛。为适应信息化企业发展对高素质技能型人才的大量需求，经济管理学院从市场需求的实际变化出发，结合我院已经拥有的专业教学基础和相关企业资源，设计开发了以金融理论学习实践为基础，以市场营销技能和互联网技术为扩展的全新专业——金融科技应用。经过三年的专业培养，学院把百度技术培训课程融入教学体系，构建复合型知识技能结构，使学生达成对企业运营实践的感知、认知、熟知，同时具备自我持续完善发展提升的潜能，成为懂金融、懂管理、懂业务的复合型人才，真正符合现代信息化企业对高品质、专业化、应用型人才的岗位需求。该专业为湖南省信息服务管理一流特色专业群所属专业，在2018年省级毕业设计抽查中通过率为100%，2019年荣获“黄炎培”全国大学生投资理财技能大赛个人赛二等奖。

该专业毕业生主要面向银行、证券、保险等相关金融机构以及互联网金融公司，从事柜面服务、客户服务、金融产品销售、金融渠道管理、投资理财、网络理财咨询师、网络投资分析师等岗位的工作。

四、通识教育学院

通识教育学院负责学院英语、数学、语文等公共基础课，思政教育、体育教育、艺术教育、健康教育、劳动教育、就业创业教育、国防教育、素质提升指导以及公共选修课等通识与素质教育教学工作，承办学院田径运动会、普通话测试工作，协助上级单位承办在学院举办的各类体育竞赛活动。

学院现有教师20人，中级及以上职称人数占比75%，其中教授1人，副教授5人。教师团队近年来编写教材3本，立项省级课题、项目4项，发表论文30余篇，在“湖南省大学生思想政治理论课研究性展示成果竞赛”“湖南省通信行业献礼十九大文艺汇演”“湖南省高职高专英语课堂教学设计大赛”“湖南省大学生运动会”等活动中获得多项荣誉。

第二部分　走进大学生活

第四章　大学新环境

【案例导入】

刘某，男，大学一年级在校学生。他高中时学习成绩很好，考入了自己理想的大学，但进入大学校园后，与同学相处不融洽，情绪一直很低落、压抑，学习状态也不佳，一度对大学生活丧失兴趣和信心。刘某表示自己心理单纯，在与别人交往这方面没有经验。大学里整日与同学相处，曾与一些同学关系很好，但是，接触时间一长，逐渐发现同学身上的一些缺点，于是慢慢地就疏远了。并且，随着交往范围的扩大，对有些同学的为人处世方式很是看不惯，久而久之情绪低落、苦闷且郁积在心里无法宣泄，每天都是在痛苦和焦灼中度过，学习成绩下降，自信心也受到了严重的打击，几乎什么都不想做，对未来和前途更是一片迷茫。

第一节　解读大学生活

挥手告别昨日荣誉，怀揣五彩斑斓的梦，高三学生毕业后终于迈进了梦寐以求的大学校园。人生开始了崭新的一页，人生的理想将在这里起航，未来的成就将在这里奠基，美好的大学生活将在这里开始。面对崭新的学习、生活环境，同学们既充满好奇与兴奋，也会有些许不适与困惑。因此，尽快转换角色，适应大学生活，是同学们面临的首要问题。与中学生活相比，大学生活发生了显著的变化。

(一) 社会角色的变化

大学生与中学生担任的社会角色不同。在中学时，不少人在校内或班内担任一定职务，是受到老师喜爱和同学钦佩的学习尖子。而在人才荟萃的大学校园里，他们中的大多数可能成为不担任任何职务的普通学生，大学新生须适应这种由受人瞩目到默默无闻的转变。中学生的心理和思想正在发展中，职业方向和社会角色还不确定；而大学生的职业方向基本确定，社会地位有了较大提高，社会对大学生的期望和要求比中学生高得多。因此，大学新生要实现从中学生到大学生这种社会角色的变化，处处用大学生的标准严格要求自己，既学会做人，又学会做事。

(二) 奋斗目标的变化

上大学后，高中的学习目标实现了，但大学新的目标却是模糊的。有的学生说，我们读高中时像在黑夜里摸索，上大学是激励我们前进的一盏明灯。考上大学了，天亮了，前进的目标没有了，就会感到彷徨。新生进入大学，学习与竞争进入了新的阶段，开始了新的起点。上大学，这只是向新的高度攀登的开始，征途漫漫，任重道远。

大学是人生成才、成就事业的一个新起点。古人云，“有志者事竟成”“好学者必先立志”。大学生应从高考的满足或失落中清醒过来，根据大学教育目标的要求和自己的实际，制订出个人学习计划，明确新的奋斗目标和行动方略，增强进取的内动力，为创造成功人生打下良好的基础。

(三) 生活环境的变化

进入大学以后，同学们离开父母独立生活，许多同学还远离家乡，衣食住行等日常生活都要自己安排。自主、自立、自律是大学生活的主旋律。大学生要适应这种生活方式的变化，自主而合理地处理好个人的学习和生活问题，注意培养自己独立生活的能力；要自觉遵守学校的规章制度和作息时间，养成良好的生活习惯；要积极参加学校、班级组织的文体活动和第二课堂活动；还要学会理财，家中给的钱要有计划地开支，不要月头松、月尾空，要优先把基本生活费分流出来，这是生活、学习的基本保证。

同学们来自五湖四海，兴趣爱好、生活习惯可能存在差异，主动地加强沟通和交流，互相理解和关心成为一种需要。自理能力强的同学会很快适应，应对自如；自理能力弱的同学，则可能计划失当、顾此失彼。因此，同学们要尽快适应新的环境，既要学会集体生活，又要学会独立处理学习生活中遇到的各种实际问题。

大学生与中学生的来源不同。中学生大多在家乡就读，同学间充满乡音乡情；而大学生来自全国各地，其语言、个性、生活习惯有较大差异。这就要求交往方式要有所转变。首先，要做到相互了解、相互适应，要提倡主动交往。其次，同学间要相互尊重、相互关心，为人要诚恳热情，待人宽、律己严，大事讲原则、小事讲风格。最后，与同学交往要坚持与人为善，要搞“五湖四海”，全方位交往，而不要有老乡观念，搞宗派、拉帮结伙等庸俗作风，注意人际关系的和谐性。

(四) 课外生活的变化

在中学阶段，同学们除了在上体育课的时候打打球，自娱自乐一下，基本就没有什么课外活动，除了吃饭、睡觉，就是读书学习了。进入大学之后，这一切都发生了巨大的变化。党组织、团组织、学生会、班委会等组织的活动增多，由志趣、爱好相同的同学自愿组织起来的各种学生社团的活动丰富多彩，同学们参加各种第二课堂活动的机会大大增加。第二课堂活动是展现自我的舞台，既可以锻炼同学们的组织和交往能力，又可以让同学们在活动中拓展自己的能力，成为更加全面的人才。因此，同学们可以根据自己的特长和爱好、时间和精力积极参加各种活动，合理安排课余活动，合理安排学习与生活，锻炼组织和交往能力。

(五) 学校管理模式的变化

步入大学，是人生的又一个新起点。与中学时代不同，大学生的个人自由空间和时间更加充足，同学们每周只要上 20 多节课，其他的时间全部由自己支配和安排。高校为了保证正常的教学秩序，制定了一系列的规章制度，如学校的学生管理规定、学籍管理制度、考试管理规定、学生违纪处罚规定等。这些规定是大学生活的行动指南，这就要求新生入学之初，就要尽快了解大学生行为规范，适应大学管理模式，遵守大学生守则，养成良好的行为习惯，努力塑造良好的大学生形象，使自己成为知书达理、文明向上的大学生。

总之，大学阶段是人生一段最美丽、最重要的时光。在此期间，大学生不仅要掌握扎实的理论知识，同时需要培养自学能力，提高自己的思维水平，完善自身的人格素质。因此，大学生要抓紧实现以上五个方面的转变，尽快适应大学生活，取得大学生活的主动权。

第二节　养成良好的习惯

良好的习惯是成功的基础。孔子曰：“少成若天性，习惯成自然。”说的是从小培养怎样的习惯养成性，就会形成怎样的品性。当然，习惯的培养是一个从外化到内化的过程，需要相当长的时间。因此，良好习惯的养成贵在坚持。

由于应试教育的升学压力没有根本改变，中小学生都面临着升学的巨大压力。同时由于目前国家就业政策的设计问题以及社会对人才评价存在的问题，学生和社会、家庭及各个方面都过多地关注学生的学习成绩，而疏于考虑学生良好生活习惯的培养。进入大学后，有些同学由于学业负担的减轻，突然放松了自己，不知不觉养成了不良的生活习惯，这将会对未来走向社会带来极大的负面影响。良好的生活习惯不仅能促进个人的身心健康，而且能形成高尚的品德，也能对个人的未来发展有重要作用。大学生精力旺盛，又处于长身体、长知识的阶段，良好的生活习惯是确保大学生顺利度过大学阶段的一个重要基础。因此，我们从进入大学开始，就应该养成良好的习惯。

(1) 要安排好作息时间，形成良好的作息习惯。

现代医学证明：有规律的生活能使大脑和神经系统的兴奋和抑制交替进行，能在大脑皮层上形成动力定型，这对促进身心健康是非常有利的。基础教育阶段特别是高中阶段，学生学业负担重、学习压力大，不少学生形成了自己的学习和作息习惯。进入大学后，学生没有了学习的压力，没有了父母的管教，有的学生便没有了明确的学习目标，失去了努力方向，不少学生没有把主要精力放在学习上。有些学生整日无所事事，或沉溺于网络，或浑浑噩噩，或过多考虑个人感情问题等，以至于形成了不良的作息习惯，这必将对学生未来的学习和生活造成严重的影响。大学生应注意培养自我控制和约束能力，增强时间观念，养成良好的作息习惯，睡眠时间每天应不少于 7 个小时，早睡早起，适当午休。

(2) 要进行适度的体育锻炼，养成自觉锻炼的习惯。

“生命在于运动”“一天锻炼 1 小时，健康工作 50 年，幸福生活一辈子”。现在不少大学生不懂得体育锻炼的重要性，没有锻炼意识，认为自己年轻、身体好，没有锻炼的必要，体育锻炼是中老年人的事。其实青少年体育锻炼的效果最好，从青少年开始锻炼并形成习惯，对身体、工作或学习，乃至一生都是大有裨益的。等身体出现了问题或年龄大了才想到体育锻炼，往往达不到理想的效果。作为“天之骄子”的现代大学生，要坚持不睡懒觉，按时上课，在安排好学习的同时，也要根据自身的条件进行适当的体育锻炼，这样不但可以缓解刻板紧张的学习和生活，还可以放松心情，增加生活乐趣，有助于提高学习效率。跑步、打篮球、踢足球、打羽毛球等各种体育活动都有助于增强体质，提高对疾病的抵抗能力。大学生还要注意在锻炼过程中逐步找到适合自身特点的体育活动项目并一直坚持下去，将会受益终生。

(3) 要安排好饮食，养成良好的饮食习惯。

饮食不良现象在大学生中比较普遍，主要表现在以下几个方面：一是饮食不规律。很多学生早晨起床比较晚，来不及吃早餐便去上课，或匆匆忙忙随便吃一点就赶往教室，有的索性取消了早餐，有的则在课间饿的时候随便吃些零食。二是不懂营养搭配、荤素搭配，喜欢吃什么就经常吃什么，想吃什么就吃什么，导致营养不均衡。三是暴饮暴食。学生经常吃食堂，难免会有吃腻的感觉，于是隔三岔五会出去聚餐改善生活，在聚餐时容易暴饮暴食。

研究表明：最近几年，我国因饮食问题产生的疾病逐渐增加，发病率越来越高，如青少年中肥胖率的快速增高，高血压、高血脂等老年病的低龄化倾向等，都与饮食习惯有关。大学时期应注意安排好饮食，逐步形成良好的饮食习惯。良好的饮食习惯包括：饮食要定时定量；“早饭要吃好，午饭要吃饱，晚饭要吃少”；吃饭要细嚼慢咽，不要狼吞虎咽；注意营养搭配、荤素搭配，不要只吃“好的”、喜欢吃的，不能挑食偏食；要加强全面营养，还要多吃蔬菜和水果。

(4) 不沉溺于网络世界，形成合理掌握使用计算机和网络时间的良好生活习惯。

时至今日，网络生活已成为人们日常生活的重要组成部分，网络为大学生的学习和生活带来极大便利，但同时也对大学生的思想品德、学业、身心、人际关系、情绪情感、兴趣爱好等多方面带来不少负面影响。有些同学甚至达到网络成瘾的程度，经常“包夜”，沉溺于网络游戏或网聊，而白天无精打采或在课堂上睡觉。这既给学生及家长带来了一定的经济负担，也严重地影响了学生的身心健康和学业成绩，同时也会对以后的工作和生活产生消极影响。

理想和信念是人生的精神支柱，大学生应志存高远、奋斗不息。有些大学生进入大学以后，人生的目标不明确，特别是没有崇高的人生追求；个别大学生胸无大志，缺乏对生存问题的理性思考；许多人碌碌无为，虚度年华，并不是因为他们没有智慧和才华，而是因为没有远大的理想。21 世纪是知识经济时代，对大学生提出了更高的要求。大学生应努力学习，努力创造人生的辉煌，对社会多做贡献。有了这样的人生追求，就不会沉溺于网络，大学阶段自然会过得充实而有意义。

(5) 要远离烟酒，注意公共卫生和个人卫生，形成良好的卫生习惯。

烟酒的危害尽人皆知，但由于不良环境的影响、奋斗目标不明确、就业压力大等，有些学生不知不觉与烟酒结缘。生活中有些学生既不注意公共卫生，也不注意个人卫生，具体表现为随地吐痰，乱丢乱扔废纸、塑料袋，不打扫宿合卫生，乱倒垃圾，被褥长时间不晒，脏臭的袜子乱扔，不洗衣或者洗衣不及时，没养成早晚刷牙的习惯等。

时代赋予了大学生新的历史使命，对大学生提出了更高的素质要求，当然也包括卫生习惯的要求。俗话说：“一屋不扫，何以扫天下？”很难想象连基本的公共卫生和个人卫生都不会做、做不好的人，工作上会有大的成就。众所周知的是：一座高度发达的文明城市绝对不会接纳一位没有公共卫生和个人卫生意识的市民；一家有着丰富文化底蕴的公司同样不会接纳一位没有公共卫生和个人卫生意识的员工。如果我们在大学时代没有养成良好的卫生习惯，就会跟不上时代的步伐。因此，大学生应该明确目标、振奋精神，从自身做起、从一点一滴做起，逐步养成良好的卫生习惯。

(6) 要积极参加劳动，养成良好的劳动习惯。

如今，生活现代化以前所未有的速度向前迈进，家庭生活中的体力劳动日趋减少，加上许多家庭对独生子女的溺爱，从来不要求子女在家做任何家务劳动，子女在家中就过着饭来张口、衣来伸手的生活。我们经常把“素质教育”挂在嘴边，却没有很好地理解素质教育的本质。素质教育最重要的是注重学生的人格养成，教育家陶行知曾说过：“千教万教，教人学真，千学万学，学做真人。”在实施教育过程中，学生劳动品质的培养往往被忽视，很多人认为，只要把学习搞好了，别的无关紧要，忽略了自立意识与能力的培养。我们应充分认识到新世纪的人才不应是“四体不勤，五谷不分”的书呆子，而应是既有科学文化知识，又有各种劳动技能的高素质人才。所以，培养大学生吃苦耐劳、热爱劳动的观念是学校教育的基础课程，也是家庭教育的一个重要组成部分。

劳动是人类最基本的实践活动，对大学生的全面发展有着极其重要的意义。它能使我们的肌体充满活力，促进我们的身体发育与强健，还能培养我们的智慧、情感、意志和高尚的品格。劳动对培养大学生的自理能力，促使学生养成良好的劳动习惯和纯朴的生活习惯起着重要的作用。一方面，同学们要定期整理寝室内务，打扫房间，养成良好的卫生、劳动习惯；另一方面，可以积极参加学校的一些社团活动，经常参加这些社团组织的校内校外的公益性劳动。

第三节　成功源于追求

英文中，大一新生称为“freshman”，它既代表大学新生对新生活环境的陌生与好奇，也代表同学们进入大学有新的希望、新的追求。社会是一个大舞台，每个人都是这个舞台上的一个角色，只有进入了角色才能演好人生这台大戏，才能实现自我的价值。因此，大学新生应尽快转换角色，调整心态，积极面对新的生活环境，树立崇高理想与人生追求，塑造良好的大学生形象。

一、政治上要有追求

（一）正确认识党组织

我们的国家曾经历了许多磨难，受过西方列强的凌辱，正是在中国共产党的领导下，祖国才走上了复兴之路。改革开放和新农村建设所取得的伟大成就，展示着我们党领导人民英勇顽强、波澜壮阔的奋斗足迹，为我们绘制了一幅透迤而又气势磅礴、雄浑而又绚丽多彩的画卷。当然，我们生活在一个这么大的国家，它不会是完美的，就像一棵参天的大树，即使是满树翠叶的春天，也会有几片枯黄的落叶，但这并不影响它的美丽。任何国家、政党都可能存在腐败现象，问题的关键在于对待腐败的态度。中国共产党敢于正视腐败现象，并切实采取行动反腐败。因此，作为大学生，我们不能一叶障目，应正确认识党组织，坚定自己的理想信念。

（二）积极向党组织表达愿望

争取加入中国共产党，首先要积极主动地向党组织表达自己要求入党的愿望。在这个问题上，有些同学认识模糊。比如，有的同学认为自己刚入学，各方面还不够优秀，没有取得申请入党的资格，想等做出了成绩后再向党组织申请。实践证明，争取入党是一个过程，只要有入党愿望，就应当表达出来，要通过努力做出成绩，接受党组织的考验。我们党对每个要求入党的同志，从来不是看一时一事，而是看他的全部历史和全部工作。所以，每一个有入党愿望的同学，都应该积极地向党组织靠拢。这样做，不仅使自己有了具体的奋斗目标和前进动力，同时也能够得到党组织的及时帮助和指导。

(三) 端正入党动机

任何要求入党的同学在申请要求入党之时，都要回答为什么入党这一问题，这就是入党动机。在现实生活中，每个入党者的入党动机往往是不相同的，例如，有些同学是为了实现共产主义、全心全意为人民服务而入党的；有的则认为入了党，个人和家庭都光荣，在亲戚同学面前也光彩；有的是看到周围一些同学提出了申请，随大流要求入党；也有的同学认为，大学入了党毕业后更好就业，以后在个人名利、地位、金钱、享乐等各方面更有优势。上述种种入党动机中，只有信仰共产主义，更好地全心全意为人民服务而要求入党，才是唯一正确的入党动机。只有拥有正确的入党动机，我们才会在自己的学习和工作中，刻苦学习科学文化知识，在知识的海洋中顽强拼搏，并始终以共产党员的标准严格要求自己，时时处处起先锋模范作用，为党和人民的事业勇于奉献自己的力量。

(四) 自觉接受党组织的培养、教育和考察

一般来说，一个人刚刚提出入党申请的时候，尽管有要求进步的愿望，但他对党的性质、纲领、宗旨和任务的认识可能不那么深刻，离共产党员的标准还有一定距离。要缩短这个距离，既需要个人的主观努力，又需要党组织的培养、教育和帮助。所以，申请入党的同学应该自觉地接受党组织的培养、教育和考察。首先要主动向党组织汇报自己的思想情况，这有利于党组织加深对自己的了解和有针对性地进行教育帮助，使自己更快地进步。其次要积极参加党组织的活动，实际体验党内生活，接受党内生活锻炼，学习党的基本知识和党员优秀品质，从中接受教育。同时，要自觉接受党组织的培训，提高自己的思想觉悟，并且接受党组织的考察。

(五) 关心国家时政，以实际行动报效祖国

争取入党离不开实践，争取入党的过程也是实践的过程。当前，全党和全国人民正在为全面建设有中国特色的和谐社会而努力，这就要求我们在实际工作和学习中与时俱进，关心国家时政，积极参加社会实践活动，为中国特色社会主义建设作贡献。“未进党的门，

先做党的人”。同学们只有按照党员标准严格要求自己，积极投身于全面建设社会主义现代化国家的事业中，才能把自己锻炼成合格的共产党员。

二、学习上要有追求

（一）理想的学习目的

一说到学习，我们一般都会想到读书、考大学是为了考证、考级。当然，作为大学生，考证、考级是理所当然的分内之事，但是我们更应该充分发挥自己的个人兴趣，充分展示自己的天赋，为了发展自己的爱好、发掘自己的才能而学习。新时代需要的是与时俱进的创新型人才，这就需要我们有自己独特的学习理想，按照自己最大的兴趣来设计学习目的，规划自己的学习过程。具体来说，理想的学习目的要能使自己全面发展，充分激发自己的潜能、学习主动性及学习欲望，让自己充满快乐地学习。

（二）快乐的学习态度

学习本来是件快乐的事，因为追求知识与真理是人类最快乐的事。但是由于“应试教育”的影响，学习成了大多数学生的“苦海”。如果我们立足于充分发挥个性与天赋的角度，学习一定会充满乐趣。学习的幸福，在于有符合自己个性发展的目的、理想。有了这些理想，就会有快乐的学习态度。只有把学习当成自己的追求，把学习当成快乐的事，才会有较大的进步，才会有自己的创造与作为。

（三）幸福的学习过程

任何事情的幸福，都存在于创造幸福的过程之中。幸福的学习是最高意义的学习，学习的幸福在于学习的过程而不是单纯的学习结果。在学习过程中，每一次“顿悟”与“豁然开朗”，每一点滴知识的获取，都是一种幸福的感受。幸福的学习是我们把学习看成是一种游戏，而不是一种负担。如果我们有自己理想的学习目的、快乐的学习态度，就能使学习过程充满幸福感。

（四）科学的学习方法

学习要有效果，体会到了学习的进步，我们才会感受到学习的快乐。要取得学习效果，除了要有耐心和刻苦的学习精神之外，还必须有科学的学习方法。学习的方法有很多，但也因人而异，并不是所有的方法都适合每一个人。所以，同学们必须结合自己的特点，选择适合自己的学习方法。具体来说，科学的学习方法有以下几种：精读法、反复法、联想法、浏览法、抄书法、浓缩法、笔记法、评读法、交叉法、借读法、写读法等。

(五) 永恒的学习精神

“一天不读书，没人看得出；一周不读书，动口就爆粗；一月不读书，智商不如猪”，这是网络上流传的一句俏皮话，虽然说得有点粗糙，但它说明了“终身学习”的重要性。现代社会是信息爆炸的时代，知识的更新速度日新月异，如果我们不与时俱进，就跟不上时代的要求。学习没有早晚的问题，台塑集团创办人王永庆 70 岁还在学习英语，知识是无止境的，学习也是无止境的。

三、生活上要有追求

(一) 独立生活，自信自强

大学生适应新的学习、生活环境，很重要的一点就是要培养和提高独立生活能力。无论是学习、生活、交友还是认识社会和人生，都需要更多地依靠自己去思考、判断、选择和行动。大学主要是为社会培养有用的人才。因此，从一定意义上说，进入大学就意味着逐步独立地走向生活，走向社会。在这个新的起点上，为了给自己的人生理想夯实基础，就需要摆脱依赖、等待和犹豫，树立自信、自律、自立、自强的精神，勇于面对社会和生活。

(二) 虚心求教，细心体察

面对新的生活环境，同学们随时都可能遭遇过去所没有遇到的问题、矛盾和困惑。过去没有接触过的人，需要去交往；过去没有做过的事，需要学着去做；过去没有解决过的问题，需要自己去解决。为了尽快提高自身的能力，同学们必须在各个方面虚心求教、细心体察，多向周围的老师、同学学习。人无完人，伟人都有犯错误的时候，何况是我们这些年轻的学子。所以说，年轻人犯错误是正常的，不要怕犯错误，也不要为自己所犯的错误找借口，要勇敢面对错误，虚心求教。同时，一定要有主见，因为这有利于培养自己的独立精神，也有利于发现解决问题的新思路，以便下次不犯相同的错误。勇于面对错误、虚心求教而又有主见的人，是一个很有可能做出成就的人!

(三) 大胆实践，积极交往

任何能力都是在实践中积累起来的，都有一个从不会到会、从不熟悉到熟悉的过程。人们常说，“实践是最好的老师”。意思是说只有在实践中不断磨砺，才能逐渐提高自己的能力。作为大学生，社会实践活动会更多，除了每年假期学院安排的社会实践活动外，同学们还可以利用节假日和课余时间参加各类社会实践活动，以积累未来走向社会必须具备的社交、口才、胆识和社会经验。在人际交往方面，中学阶段的人际关系和交往环境比较简单，交往关系不复杂，人际关系也比较容易处理。随着大学生活的日益丰富与交往环境的变化，大学生处于“半社会化”的新环境中，这就要求同学们要大胆参与、积极交往，在交往中要既注意自己的大学生形象，又注重细节，但不必拘泥于小节。

(四) 爱好广泛，兴趣高雅

作为大学生，最主要的任务是学习，但学习不只局限于学校课堂和书本，社会也是一个大课堂，有丰富的知识值得我们去学习和探索。现代社会需要的不是“两耳不闻窗外事，一心只读圣贤书”、只会啃书本的书呆子，而是熟练掌握多门技能，全面发展的“通才”。因此，在学习之余，我们可以根据自己的特点和爱好、时间和精力积极参加各种活动，培养自己高雅的兴趣爱好，积累自己的社交、口才、胆识和社会经验。在参加活动方面要注意三点：一是认真对待。除了上课以外，宿舍、校园、社团活动场所是学生最主要的生活空间，专业技能可以从课堂学习中获得，而其他素养很大程度上要从学校课堂以外的隐性课堂获得。校园活动具有培养“领导力”的作用，它是培养个人特长的重要舞台。二是积极参与。大学生参与校园活动的深度和广度随着年级的变化而变化，一年级、二年级是参与校园活动的最佳时期，大学生可以让自己参与校园活动的深度和广度达到最大，而三年级是大学生活的收获期，大三学生应将自己全部或更多的精力放在毕业设计和未来职业的考虑上。三是主动组织。大学学生干部是校园活动的组织者，学生干部岗位也是一种学习资源，它能锻炼大学生的组织管理能力和处理人际关系的能力等，大学生要充分利用这一学习资源，在校期间争取做一次学生干部。

课后练习

1. 与高中生活相比，大学生活有何变化？大学生又该如何应对这些变化？
2. 大学生活中，应该养成哪些良好的习惯？
3. 大学生在政治上如何做到有追求？

第五章　学习与考试

【案例导入】

张某，管理工程学院某专业2010级学生，陕西商洛人。在他2岁时父母离异，他从小跟随母亲长大。由于长期受到母亲溺爱，该学生从小到大一直非常贪玩，经常不能控制自己而去玩耍，尤其喜欢去上网打游戏。2008年曾经考到东北一所三本高校，学习一年半之后，认为学校不好，学风差，并且就业率也不高，就退学重新参加2010年高考，结果比第一次高考多考了100多分，过了二本线。2010年9月进入管理工程学院学习，虽然所学专业为调剂专业，但是和之前三本院校相比学校已经好了很多，其母亲和学生本人也很高兴。该学生大一第一学期初还可以认真学习，可是由于离开了家庭，没有了母亲的管教限制，又因为喜欢玩耍，慢慢地开始去网吧，并且玩魔兽世界(一种网络游戏)，经常翘课，期末挂科一门。大一第二学期翘课次数更多，有时甚至夜不归宿。

第一节　大学学习概述

知识经济时代的竞争，不仅是知识的竞争，更是能力和综合素质的竞争。不管是综合素质的提高，还是综合能力的培养，都是以学习为基础的，是从最起码的知识开始的。大学生只有不断提高自己的知识水平，才能适应知识经济时代的发展，铺就成功之路。

一、大学学习的特点

(一) 学习的主动性

大学学习与中学学习截然不同的特点是依赖性的减少，代之以主动、自觉地学习。大学课堂教学往往是提纲挈领式的，教师在课堂上只讲难点、疑点、重点，其余部分就要由学生自己去攻读、理解和掌握。因此，大学学习不能像中学那样完全依赖教师的计划和安排，学生不能只单纯地接受课堂教学内容，必须充分发挥主观能动性，发挥自己在学习中的潜力。

自主性的学习方式，将贯穿于大学学习的整个过程，并反映在大学生活的各个方面。如学习的自主安排，学习内容和学习方法的自主选择等。大学生自学能力的培养，是适应大学学习主动性特点的一个重要方面。当今社会，知识更新越来越快，三年左右的时间人类知识的总量就会翻一番。大学毕业后，不会自学或没养成自学习惯的人，将会被时代前进的步伐远远抛下。因此，培养和提高自学能力，是大学生必须完成的一项重要任务，也是进行终身学习的基本条件。在学习方法的选择上，大学生更应发挥主动性。一般来说，大学学习活动主要有四种形式：按教育大纲规定的课堂学习活动，补充课堂学习的自学活动，独立钻研的创造性活动，相互讨论、相互启发的学习活动。在各种不同的学习形式中，都要发挥学习的主动性，根据自己的情况，选择适合自己的最有效的学习方法。大学的学习，不再是去死记硬背老师所讲的内容，而是根据自己的学习目标和专业要求，选择、吸收、消化有用的知识。这个过程就是学习主动性的体现。

（二）学习的专业性

大学学习实际上是一种高层次的专业学习。这种专业性，是随着社会对专业要求的变化和发展而不断深入的，知识不断更新，知识面也越来越宽。为适应当代科技发展既高度分化又高度综合的特点，这种专业性通常只能是一个大致的方向，而更具体、更细致的专业目标是在大学的学习过程中或在将来走向社会后最终确定下来的。

大学教育的目的是培养高级专门人才，因而，大学学习具有明显的专业性特点。从报考大学的那一刻起，专业方向的选择就摆在了考生面前，被大学录取，专业方向就已经基本确定了，大学期间学习的内容都是围绕着专业方向来安排的。

首先，大学新生要对自己进行全面的评估和了解。评估应该包括这几个方面：我目前进入的学校是不是我喜欢的专业？我对这个专业是否有深入的了解？我的兴趣和能力与所学专业的要求是否匹配？我是否清楚目前所学的专业与未来我想从事的职业之间的关系？工作中我最看重的是哪方面？

高中教育也是为未来职业生涯做准备，但大学的方向性更强。如果一个学生从来没有思考过这个问题，那么进入大学则应该考虑了。你需要问问自己：我上大学和我今后想要发展的职业有什么关系？

第二步，进入大学的新生要尽快熟悉和适应学校的学习环境，包括熟悉自己所学专业的具体内容和该专业对学生的具体要求。在了解这些具体要求时，不但要了解所学专业对能力的要求，还包括对所需要投入的时间和经济上的要求，了解这个专业往届毕业生的就业去向。

有些大学新生刚进校门就要求转系，这样的决定过于草率。这样做的学生也许认为自己对目前所学的专业本来就没有兴趣，早就计划进了大学就“跳槽”。即使是这样，也还是需要先了解清楚再做决定。有很多学生进大学之前自以为了解所要学的专业，但其实只是望文生义。要了解自己的专业，可以询问高年级的同学，也可以跟老师交谈。了解专业，不仅要听那些令人激动的优势方面，也要了解所学专业的劣势。

目前的中国大学，已经为学生创造了越来越灵活的环境和学习空间，如何利用学校的各种资源就是学生自己的事情了。喜欢自己专业的学生可以在专业中多投入精力，喜欢其他专业的学生除了“跳槽”之外，还可以选择辅修其他专业。

无论作什么选择，需要明确的是，任何人所适合的职业或者专业都是一个大体的范围，而不是一个局限的点。因此，很难说一个人只对某一个领域才有兴趣和能力。同时还需要牢记，无论是职业选择还是专业选择，都是双向的。在双向选择的情况下，就需要妥协，只是不同学生妥协的程度不同而已。一旦作出了选择，就要在一个时期内坚持自己的决定，这是一种负责任的态度和成熟的表现。

(三) 学习的广泛性

广泛性反映了大学学习的多层面、多角度的特点，表现在以下两个方面：① 大学生可以通过各种不同的途径和渠道吸收知识，也可以靠广泛的兴趣去探求课程之外的知识。上课时间之外，学生有较多时间自由支配，可以在学校为其提供的各种条件下进行广泛的学习，如学术报告、知识讲座、专题讨论、社会调查等，为大学生从不同层次不同角度学习知识创造了条件。② 大学生在学习活动中可以发展自己的兴趣，不断丰富调整自己的学习内容，形成合理的知识结构。如果想取得事业成功，必须同时具备人文素质和科学文化素质，这两方面是不可分割的。

二、大学学习的基本方法

在学习方法方面，前人给我们留下了一笔很珍贵的财富，总结出了很多值得借鉴的方法，如“三到”(心到、眼到、手到)“四边”(边看、边批、边划、边写)法、结构学习法、比较学习法等。创造最佳学习方法要注意以下两点：一是要以提高学习效率为标准。掌握学习方法的根本目的是提高学习效率，学有所获。在大学里主动学习是最重要的。二是要因人而异。有的方法适合于别人，并不一定适合自己。不同年级、不同专业、不同学生之间的学习方法都可能不一样，所以每个学生要结合自己的实际情况(学习目标、任务、兴趣、爱好等)，选择适合自己的学习技巧和方法。

(一) 做好笔记，课后复习，查阅参考书籍

俗话说：“好记性不如烂笔头。”在听讲的同时，及时记录老师所讲的主要内容，做好笔记，一方面有利于课后复习，另一方面也有利于集中精力。

课后及时复习，巩固课堂上学过的知识。尤其是在晚上临睡前，要对课堂上老师所讲的内容在脑海里“过电影”，对已获得的信息，进行加工后吸收。

此外，还要学会使用图书馆、电子阅览室等，查阅有关资料，学习各种参考书籍，补充和拓展知识。

(二) 广泛阅读，积极质疑，树立参与意识

大学生需要更多的阅读和思考，要对各种版本的教材、各种学说进行阅读、分析和思考，求理解，重运用，不去死记硬背。鲁迅先生曾说过：“必须如蜜蜂一样，采过许多花，才能酿出蜜来，倘若叮在一处，所得就非常有限枯燥了。”

要主动参与到教学活动中而不是过多地依赖教师的帮助，提倡大学生对教师的讲课内容提出质疑，对各种问题及其答案提出假设。

(三) 劳逸结合，提高学习效率

古人云：“文武之道，一张一弛。”只有会休息的人才会工作。有些大学生，他们有良好的学习愿望和刻苦的学习精神，从早到晚不停地看书做作业，但学习效果并不理想，长期这样甚至可能酿成疾病，这就是不注意劳逸结合的结果。

要想始终保持良好的学习状态，必须做到以下几点：一是要保证充足的睡眠；二是要注意锻炼，每天安排一个小时的文体活动，使身心得到调节和放松；三是培养广泛的兴趣和爱好，使生活内容丰富多彩；四是养成良好的生活习惯(如不抽烟、不酗酒、按时作息等)；五是要学会科学用脑，掌握自己学习效率最高的时间段，如有些人觉得早上效率最高，有些人觉得晚上学习效果最好，在这些时间段多用脑，就会事半功倍。另外，乐观而开朗的性格和适当注意饮食营养，也是保证身体健康、提高学习效率的重要条件。

(四) 调整心态，掌握应试技巧

大学生应重视考试，但不过分要求高分，要考得轻松，学得愉快。成绩并不能全面、准确地反映一个人的知识水准，特别是对能力的反映更不全面。

应试技巧的培养：首先，要做好考前准备，即认真复习，有计划、有安排、有轻重缓急。要合理安排时间，不要使大脑过度疲劳，以免影响学习效果。尤其是临考前几天应保持充足的睡眠，保证以清醒的头脑和充沛的精力走进考场。其次，要有应付怯场的办法。

考试时先做有把握的题，难题放在后面做，这样可以消除考试紧张情绪。假如考试怯场，可设法转移注意力，使大脑兴奋起来，诸如想一件令自己高兴的事，或者是做几次深呼吸，使情绪稳定。

(五) 总结经验，善于交流，培养学习能力

俗话说："温故而知新。"经过一段时间的学习后，要及时总结、反思自己的学习方法是否得当，效果如何。因为在总结中，也会产生新的东西，启发人的大脑，从而不断地创新，丰富学习内容。

学习需要及时与他人沟通、交流。在相互交流的过程中，彼此间都在为对方提供特定的信息，相互启发。因此，交流是必不可少的学习环节。交流可以使认识面更广，知识更丰富，观点更深刻。尤其是通过课堂上同学之间以及学生与老师之间的互动交流，可获得意外收获。

大学期间重要的是培养学习的能力。学习不能只是机械地学，而更应注重能力的培养。现在有两类学生是比较突出的。一类是所谓的"好学生"，他们学习成绩优异，门门考试高分，而一旦离开学校步入社会，则失去了方向，难以适应复杂的社会而无用武之地。另一类是比较容易融入社会的学生，虽然成绩不如前一类学生好，但在事业上却成功了。可见，光学还是不行的，实践是关键。理论固然重要，但只有理论联系实际才能更快地融入社会。

(六) 自主学习

学生是学习的主人，大学生必须注重自主学习，这是学会学习、提高学习能力的关键。自主学习就是学生主动地、有主见地学习，做自己学习的主人。自主学习大致包括以下五个方面。

1. 自我激励

自我激励是进行自主学习的前提。对于相当一部分学生来说，不是学不好，而是没有好好学。持续激励自己，保持勤奋刻苦的学习劲头、探索求知的学习热情和坚韧不拔的学习毅力，是任何人学有所成的必要条件。

2. 自我识别

自我识别是自主学习的基础，就是学生对自己的智能特点、兴趣爱好和学习状态的基本评估。例如，自己的个性体现在哪里？最有可能在哪些方面取得更大成就以至突破和创新？自己在学习上的特点是什么？在接受知识、培养能力过程中哪些方法最适用于自己？这些都是在学习中需要自我识别的问题。

3. 自我培养

大学生在学习的过程中，要充分发挥自己的主观能动性，立足于自我培养。这种自我培养，就是不断地激发自己的学习热情，注意摸索和总结适合自己的学习方法，在各个学习环节中强化学习的主人意识和学习主体意识，通过自己的努力，实现知识的吸收和能力的提高。

4. 自我调控

大学生的学习需要自我调控。自我调控就是根据自己的学习状况和学习要求适时地修正学习目标，优化学习策略，调整学习方向，改进学习方法。

5. 自我评价

随时感知和评估自己的学习状态和学习效果，比自我识别更具有动态性，能产生更多的有效信息。自我评价是调整完善自己的学习策略、学习计划、学习方法，把握学习力度的基本依据。

自主学习与自学既有联系又有不同。自主学习是一种学习体系，是学习观念、方式与方法的集合。而自学只是一种学习方式，是自主学习的一种体现。当然，自学能力是每个大学生都必须培养和具备的能力，只有学会自学，才能真正实现自主学习。

(七) 创新性学习

要把大学生培养成创新人才，首先需要引导他们开展创新性学习。创新性学习并不一定要求创造发明，而是要求在学习活动中激发创新意识，培养创新思维，养成创新型性格，提高创新能力。要树立创新学习观，克服创新的神秘感。著名教育家陶行知说："处处是创造之地，天天是创造之时，人人是创造之人。"创新性学习是每个大学生都能做到也应该做到的事情

1. 培养创新思维

一切创新活动都起源于创新性的思考。创新思维是一切创新活动的开始，并贯穿于创新活动的始终。科学家的科学发现、工程专家的技术发明、政治家的治国方略、企业家的营销之术、大学生的创新学习等都是创新思维的具体体现。因此，创新的核心因素是创新思维，这也是培养创新人才的关键。

2. 培养创新型性格

培养创新型性格是创新性学习的基础。创新人才的成长过程是不断养成和完善自身性格的过程。对创新型性格至少有如下几方面的要求。

(1) 求知的欲望与探索的兴趣。旺盛的求知欲和浓厚的探索兴趣是创新人才的重要性格特征。

(2) 怀疑态度与独立精神。创新活动始于问题，而问题则是由怀疑开始的。因此，怀疑是创新思维的开端，独立精神是创新者必不可少的基本素质之一。

(3) 自信与勇气。自信，是一个人成功的重要品质。只有相信自己、树立必胜的信心，才能激发起进取的勇气，最大限度地挖掘自身的潜力。

(4) 意志与毅力。创新成果并不是唾手可得的，创新过程往往是长期的、艰苦的、充满困难与坎坷的。要实现创新不仅需要精力上的投入，还需要坚强的意志和坚持不懈、百折不挠的毅力。

(5) 合作精神。现在已不是牛顿时代单枪匹马地发现和发明的时候了，现代社会已进入大科学时代，科学研究、工程项目和其他实际工作的完成都要靠团队合作精神。

3. 创新能力的培养

培养创新能力的机会在大学生的学习过程中随处都有，每个学生都可以抓住机会培养自己的创新能力。

(1) 创造性地听课与看书。听课时不仅要掌握知识本身，更要思考问题提出的思路和思维方法。对老师的讲授和书上的内容，不仅要采取求同思维，解决“为什么是这样”的问题，还要采取求异思维，提出“不这样行不行”“还有没有更好的或其他的办法”这类问题；还要问一问有什么局限性，“如果我来做，一定是这样的吗？”之类的问题，要强化地来讨论这些问题。要养成在教材上加评论与批注的读书习惯，力求在课堂上或书本里发现问题，提出问题，思考问题。

(2) 创造性地做作业。要做到一题多解，不满足于求得一种结果，而是追求不同的思路和方法，然后再通过分析和比较，找出最巧妙、最合理的解题方法。如果对解题的过程和结果从不同的角度进行分析、推理，有时可派生出新的知识和体会。要把书本上、课堂上的内容和社会上或工程中的实际问题联系起来，培养问题来源于实践又回到实践中去的意识。

(3) 创造性地做实验。除完成一些验证性实验外，应重视做一些设计型、综合型的实验，而且尽可能独立完成，做到自我设计、自我操作、自我分析、自我总结。要在实验中养成细心观察、善于分析的好习惯，不满足于书本上所限定的结论，敢于提出疑问和设想

(4) 在课程设计、毕业设计中力争有所创新。这些教学环节往往要求针对实际问题提出方案，完成设计。面对这类问题，要分析要求，查阅资料，确定方案，给出总体设计和每部分的设计。很多题目还要求实际制作，完成调试，甚至形成产品。这个过程中的每一步，对学生独立工作能力、创新能力的锻炼都很重要。

(5) 在各种课外活动中锻炼创新能力。大学课外活动形式多样，如课外科技活动、各种竞赛活动、科研活动、社会实践以及读书报告、综述报告、现场实习或调研报告、科普论文甚至学术论文的撰写等，它们是培养创新能力的重要环节。

三、树立良好的学风

2002 年，《中国青年》杂志社和中央教科所高等教育研究中心联合举办的“我心目中十所最好的国内大学”大型问卷调查评选涉及的 38 个选项因素中，位列前项的分别是：校风、学风，学校声誉，图书馆条件，实验室情况，教学质量等。可见，一所大学的实力并不只依靠学校的硬件设施，校风、学风才是 “软黄金”。一所学校、一个班级有自己的学风，一个人也有自己独特的学风，从学风方面就可以看出一个人的精神风貌和人格因素。

(一) 端正学习态度

有了正确的学习态度，才能克服学习过程中出现的各种各样的问题。态度明确，注意力专注，学习效率才能提高。当然，正确的学习态度又来源于对学习自身重大意义的认识，所以，学习态度是人生观、世界观的具体体现。

(二) 摸索适应大学学习的方法

大学是集中、系统地学习知识的时期，大学生应该抓住这一难得的机遇，努力成为一个“知识贵族”。自觉学习是大学学习活动的核心特征。大学生的学习不单是掌握知识，更重要的是掌握学习知识的方法。方法不等于知识，知识可以遗忘，而方法则忘不掉。知识的载体可以是书本、光盘、音像制品，而方法的载体只能是人本身，特别是人的头脑。知识是最低层次的，方法比知识更重要。方法是打开知识宝库大门的钥匙，授人以鱼，只能给几条鱼而已；授人以渔，教会了抓鱼的方法可以得到更多的鱼。

(三) 正确处理学习知识与培养能力的关系

成功离不开能力，也离不开知识，二者不能偏废。在一些大学生看来，能力的培养主要是通过社团活动、社交活动等形式完成的。在今天的大学校园，热衷于社团活动的学生为数不少。通过社团活动，培养实际能力固然应该鼓励，但投入过多时间是否值得，还得认真考虑。只要想一想，一生中发展的机会很多，而集中精力、时间进行系统学习的机会却很有限，孰轻孰重，答案不言自明。当然，在不耽误功课的前提下参与一些社团活动也未尝不可，但是一定要把握好度。不少大学生反映，被称为“职业活动家”的一些学生干部，不注意专业学习，将较多的精力投入社团工作，威信不高。因此，做一个称职的学生干部，有较强的人际交往能力是必要的，但还应具备良好的道德修养、理智分析问题的能力。离开专业知识的学习，要获得这些素质是不可能的，对于一个想拥有更好的发展前景的人而言，学业与能力同样重要。

我们强调学习知识的重要性，并不是要大学生都不去做学生工作，都去做书本知识的奴隶，而是应摆正学业和能力的关系。只要处理得当，“鱼”与“熊掌”可以兼得。有一位女学生在校期间社会工作非常多，身兼数职：系学生会女生部部长、校学生会文艺部部长、校广播站主播、校报记者等，常常忙得不亦乐乎。她早上五点半起床，在舍友们香甜的睡眠中悄悄地离开宿舍，到教室去复习功课；上课时，心无旁骛、全神贯注地听讲；下课后再忙广播稿、工作计划书，始终把学业放在最重要的位置。她的工作赢得同学们的一致好评，而学业也出类拔萃：大二时通过大学英语四级考试，大三时通过计算机二级考试，每个学期的总成绩始终在前五名，综合测评成绩始终是班级第一。凭借优秀的学业和出色的工作业绩，她获得了国家奖学金，最后被多家用人单位看中。当她给师弟师妹们做报告时，深有感触地说：“三年前，我们带着行李来到大学。三年后，不可避免地我们会离开母校。而我希望走时与来时相比行李重了许多，重了什么？就是你的知识和能力。当你离开母校时，你所有的成绩和荣耀都将成为过去，你带走的只能是你的知识和能力。”

(四) 用智慧驾驭知识

以新的视角来看待知识与方法的关系，是知识经济时代培养创新人才最根本的问题。现在不少大学生认为进入信息时代，鼠标一点，就可以包罗万象、包治百病、包打天下了，实际情况并非如此。信息不是知识，知识不等于智慧，体现智慧的是把信息和知识综合起来予以应用并取得良好效果的能力。数据资料不加以分析不称其为信息，信息不加以应用不称其为知识，知识不通过智慧加以运用不称其为力量。当今世界不是与社会生活无关的知识竞争，而是人的视野、能力水平的竞争。美国著名的管理学家德鲁克把人类处理知识的方式划分为三个时代：人类早期是知识启蒙的时代，工业化时期是知识应用的时代，工业化之后是智慧时代。所谓智慧时代，就是要根据自己的发展目标去检索知识、积累知识、处理知识。创新需要一定的知识积累。我国传统教育是以继承知识为中心的教育，知识越多越好，讲究功底扎实，长期以来成为衡量学生成绩优劣的指标。实际上知识的数量在创新中不一定起决定作用。爱因斯坦、牛顿等科学家，都是在二十多岁取得了划时代的科学成果。当时，他们的知识储量和他们同时代的科学前辈相比，可能要少得多，那么为什么他们取得了如此巨大的科学成就呢？主要是靠科学方法。最近，美国一批现代心理学家的研究结果表明：知识少而创新能力强和知识多而创新能力差都属于正常现象。美国现代心理学家经过研究后发现，爱因斯坦当年提出相对论，就是因为爱因斯坦当时的物理学知识不是很丰富。当然，这绝不是说掌握的知识量多反而阻碍了科学创新素质的培养，只是说明知识的数量不是创新的决定因素，最为关键的是掌握科学的方法，用智慧驾驭知识。

第二节　大学考试概述

一、如何应对考试焦虑

有 10%～15%的大学生存在着不同程度的考试焦虑，特别是学习基础比较差、性格比较内向、学习方法不够灵活的大学生，最容易产生考试焦虑症状，有的大学生还伴有失眠和神经衰弱等症状。

焦虑属于消极的情绪。它是一种能减弱人的体力、精力，干扰人的正常活动的情绪体验，也属于不愉快的情绪。它使人烦躁不安，类似恐惧，但程度不太强烈。心理学家研究表明：学生在考试前复习期间，适度的焦虑能发挥人的最高学习效率。但是，焦虑程度的太高或太低都不能取得良好的学习成绩。焦虑程度与学习效率之间可以用一条抛物线来表示，即随焦虑程度的增加，学习效率也随着加快，但超过一定的焦虑程度时，随着焦虑程度的增加而学习效率就会随之降低。就情绪而言，平时不容易激动、情绪比较稳定的人学习效率比焦虑程度高者要好。在一般情况下，焦虑情绪低的人可以在有压力时提高学习效率，而焦虑程度高的人在有压力时学习效率反而会降低。一般来说，较简单的学习可能因有一定的情绪压力而提高效率，较复杂的工作则可能因情绪压力而降低效率。

（一）大学生产生考试焦虑的主要原因

1. 不能正确对待考试，担心考试不及格

这类学生大多基础较差，学习比较吃力，对大学的学习方法不适应，把考试结果看得过重，担心如果考不好，降级怎么办？毕业分配怎么办？由于思想压力超过心理负荷而造成过度紧张。

2. 担心考试失败

有些学生为了保持自己原有的优势，与来自各方的众多“尖子生”去竞争，结果负于强手，在心理上出现了自责、自卑和难以服气的精神压力。于是背着沉重的思想包袱，每到考试，就会产生种种想法，诸如担心再次失败的焦虑情绪等。

3. 外部压力

在市场经济条件下，人才竞争十分激烈。在考试成绩方面，评优和奖学金的标准以成绩为主，父母或朋友对学生的过高要求，都是造成考试心理压力的主要原因。有的学生怕考试出错，把考场纪律也视为一种精神上的压力。考试时，明明自己在思考着问题，却不

知不觉地担心自己是否违纪了，产生心理障碍。

4. 大脑休息不足

有些学生，为了考试日夜复习功课，导致睡眠不足。如果再不注意营养，身心需要的能量得不到及时补充，也同样会陷入焦虑之中。

（二）克服考试焦虑的方法

1. 端正对考试的认识

考试只是检验所学知识的一种手段，要正确对待考试结果。一般情况下，考试成绩可反映平时学习的状况及学习效果，因此要认真对待，尽力发挥自己最好的水平。同时，也不能把考试的分数看得过重，因为它不是衡量学习质量的唯一标准。所以即使考试失败了，也不要灰心丧气，要从失败中吸取教训。

2. 培养良好的心理素质，树立自信心

人的心理是对客观现实的主观反映，但人绝不是消极、被动地接受现实的影响，主观的积极状态可以减弱和消除消极的影响。考试中要正确对待考场中的各种因素对自己情绪的影响，树立自信心，不怀疑自己的能力，充分发挥主体优势，消除不必要的顾虑和担忧。

3. 考试前要有充足的休息

考前休息的方式包括生活节律的重新调整，做些自己喜爱的运动，使自己的身心放松，进入一种“假消极状态”。心理学家认为，“假消极状态”最有利于激发人的心理潜能，有利于充分发挥自己的水平。

二、诚信考试

（一）透视大学生考试诚信问题

每到期末，考试就成为老师和学生的中心话题，“作弊”则是这个话题中不断被提及的词。为了规范和严肃考试管理，杜绝考试违纪行为，每所大学都制定了相应的考场纪律。然而，大学生作弊现象却呈现愈演愈烈的趋势。

这种考试中体现出来的大学生诚信危机，又是由哪些因素造成的呢？学校管理者、社会和教师又该如何修正走偏的航线，使考试的检验功能顺利进行呢？

有社会学家指出，作弊有“瘟疫效应”，少数人的得逞会诱发更多人铤而走险，这种侥幸与从众的心理使得作弊队伍日益扩大，也是老师们抱怨的“大学生越到高年级作弊越嚣张”的重要原因。一些平时不学习、经常逃课的学生，一些感觉自己评优、评“三好”、评奖学金可能会有危险的学生，一旦发现有机可乘，就会采取不正当手段来达到提高考试成绩的目的。有的监考老师态度暧昧，抱着“照顾”“关爱”学生的心态对作弊现象睁一只眼闭一只眼，有的甚至视而不见。在这种没有成本付出、没有风险的情况下，作弊之势自然不可遏止。

要改变大学生对作弊行为的态度，就必须从制度上增大违纪的成本与风险。首先，要加强对考场的监控，必要时可采用电子监控手段，以便及时发现违纪情况并提取证据；其次，学校的相应规章要严格执行，不可因人情而偏废，还可借鉴某些高校的经验，建立大学生《个人诚信档案》，全面记录学生在校期间的德育表现，包括学习成绩、评优、评“三好”等，将作弊等违纪行为也记录在案，毕业时转交用人单位。相信此类制度会起到约束作用。

另一方面，考试固然是客观衡量学生学习情况的有效手段，但是大部分大学生感觉目前考试形式陈旧，过于重视对记忆类知识的考核。老师讲课时惯于罗列若干要点，并以此作为考试的标准答案。许多学生认为这样死背知识没有多大意义，从而对学习缺乏足够的兴趣，为了应付过关，就冒险作弊。同时，这种标准答案实际上也有利于学生准备小抄，特别是在老师划定复习范围的情况下。

很显然，采取更加灵活多样的考核方式，例如课堂讨论、实地调查、社会实践、项目研究、口试、半开卷考试等，着重考查学生的学习能力、应用能力，而不是简单地复述知识，可以很有效地防止作弊的发生。此外，加大平时成绩所占的比重，通过作业、实验报告、出勤情况、课堂提问、小测验累加分数的办法，能够更客观地反映学生的学习情况。

除此之外，应该看到应试教育的理念在高校依然盛行，考试成绩仍然是评价学生、老师以及学校的主要甚至近乎唯一的标准。在这种社会价值评判标准下，获得学位、获取奖学金、推荐免试保送研究生以及评定优秀毕业生等，无一不是以考试成绩作为主要依据，加上国内高校学分制很不完善，有的学生难免会抵挡不住压力，采取作弊手段。因此，教育理念和教育体制的完善，社会价值观念的转变，对于防止学生作弊是非常重要的外部驱动力。

当然，无论是学校管理教育体制还是社会价值观念方面的问题，都不应该成为大学生作弊的理由。大学生应该不断强化良好的自我意识，塑造诚信人格，正确看待考试的功能及其结果，积极推动体制的变革与理念的创新，摒弃不劳而获的不道德行为。

（二）大学生如何在考试中建立诚信原则

一些大学生为自己的作弊行为付出了惨痛的代价：有的作弊之后个人信用从此丢失，心理上会有很深的内疚和罪恶感，并因此出现了心理问题；还有的由于作弊受到行政处分，甚至被勒令退学。这些都是十分令人痛惜的事情。

诚然，大学生作弊有其一定的社会客观因素，如社会大环境下不正之风的影响、高校现行教学考试模式的陈旧、监考教师执行不力、学生评价体系的不科学等，但是大学生应该如何从自我认识和心理调适做起，警惕作弊心理的出现呢？可以从以下几个方面加以注意和努力。

(1) 不断强化良好的自我意识，塑造诚信人格。

良好的自我意识应当包括自知、自爱、自尊、自强、自制等。自知，指人应有自知之明，也就是既要看到自己的不足，也要看到自己的长处，这就需要自我观察、自我认定、自我判断和自我评价。自爱，就是悦纳自己、保护自己，重视身体健康，珍惜自己的品德和荣誉，以赢得他人的尊敬和友情，并善于适应现实环境，力求自身的发展和学习进步。自尊，是人的基本动机之一，人的能力有大小，地位有高低，但在生活和工作中应与他人居于平等的状态，表现出不退缩不畏惧，不妄自菲薄，做到谦而不卑。自强，是心理健康之本，也是立身之本。尤其是当今大学生，一定要自我肯定，相信自己，无论在什么情况下，都不能轻易放弃，轻言失败。自制，就是指不但能控制自己的情绪，而且能根据自己的能力，做到有所为，有所不为，能独立地作出决定，善于掌握和支配自己的行动。大学生只有在平时的生活中不断完善自我意识，树立乐观、成熟、诚实的品性，才能塑造完美人格。

(2) 明确学习目标，提高学习动力，学会学习，注意平时积累。

大学里学习目标的明确是至关重要的。明确学习目标有利于学习动力的提高和学习热情的激发。大学的学习不是简单的知识灌输和积累，而是学会学习，掌握自学的技巧。很多大学生学习成绩不理想、学习效果不佳往往是因为没有学会学习。死记硬背、临阵磨枪并不是理想的学习方式。合理的学习应当遵循一定的心理学规律，比如记忆就有一个认识、保存、再认识的过程，而且全过程伴随有遗忘，怎样才能遵循记忆遗忘的规律进行学习，合理安排集中复习和分散复习，这些都非常值得大学生注意。只有平时认真学习，遵循学习规律，做到循序渐进、厚积薄发，才能使自己树立自信，笑对考试。

(3) 注意对认知的调整，理智看待考试及考试结果。

心理学研究发现，应激和挫折本身并不是导致情绪障碍和行为偏差的直接原因，人们对诱发事件所持的看法、解释、信念才是引起人的情绪和行为的直接原因。很多大学生对考试的本身以及考试不及格等引起的后果存在错误的认识，认为考试只能成功不能失败，考试失败就意味着人生的失败，考试失败会对不起父母，一次考试失败就意味着前途彻底无望等，种种认知偏差都需要我们不断去转变和矫正。生活中其实有很多的人生哲理值得我们去学习和借鉴，吸取其中的营养，比如“兵来将挡，水来土掩”“塞翁失马，焉知非福”等。大学生如果能合理转变自己绝对化的、以偏概全的认识事物的模式，就能够以很好的心态面对考试及考试结果。

(4) 做好考试期间的心理维护和保健。

很多大学生在考前存在考试焦虑、考场恐怖等心理问题，所以，做好考试期间的心理维护，以一个良好的心理状态去参加考试是非常重要的。可以通过自我鼓励、自我积极暗示、科学用脑、有效利用生物节律安排复习、劳逸结合、加强运动、焦虑时转移注意力、学会放松、积极咨询求助、合理用药等一系列心理自我保健、心理咨询甚至心理治疗的方法做好心理维护，以取得良好的效果。

三、英语等级考试

(一) 高等学校英语应用能力等级考试

高等学校英语应用能力考试是为反映和评价高等学校专科层次(高等专科教育、高等职业技术教育、成人高等教育)修完英语课程的在校生英语应用能力而设立的标准化英语水平考试，相当于 2002 年以前举办的大学英语二、三级考试。

高等学校英语应用能力考试分 A、B 两级，A 级考试为高职高专学生应该达到的标准要求，B 级考试的要求略低于 A 级，是过渡性的要求。原“大学英语三级考试”相当于“高等学校英语应用能力 A 级考试”，原“大学英语二级考试”相当于“高等学校英语应用能力 B 级考试”。学生自主决定参加 A 级或 B 级考试。

参加“高等学校英语应用能力考试”取得 60 分以上(含 60 分)为考试成绩合格，颁发有“高等学校英语应用能力考试委员会”印章的国家级合格证书。

现有的大学外语考试考点，都可以设高等学校英语应用能力考试考点，均可组织本校的“三校生”(即高等专科学生、高职高专学生、成人高校学生)或艺术、体育类院校的本科生参加高等学校英语应用能力考试，但须在省教育厅和省招考办备案。现未设大学外语考试考点的学校(主要是独立设置的高职学院、成人高等学校)，须向省教育厅高教处申请设置高等学校英语应用能力考试考点，经审核批准后，可组织本校学生参加高等学校英语应用能力考试。

(二) 大学英语四、六级考试

大学英语四、六级考试作为一项全国性的教学考试由国家教育部高教司主办，分为四级考试(CET-4)和六级考试(CET-6)，每年举行两次。从 2005 年 1 月起，考试成绩满分为 710 分，凡考试成绩在 425 分以上的考生，由国家教育部高教司委托“全国大学英语四、六级考试委员会”发给成绩单。

四、计算机等级考试

(一) 考试性质

全国计算机等级考试(National Computer Rank Examinations；NCRE)是经国家教育部批准，由教育部考试中心主办，面向社会，用于考查应试人员计算机应用知识与技能的全国性计算机水平测评体系。

(二) 考试目的

随着计算机技术在我国各个领域的推广、普及，越来越多的人开始学习计算机知识，许多用人部门已将具有一定的计算机知识与能力作为考核和录用工作人员的条件之一。因此，经教育部批准举办的全国计算机等级考试，其目的在于推进计算机知识的普及，促进计算机技术的推广应用，以适应社会主义经济建设的需要，为用人部门录用和考核工作人员服务。

该考试面向社会，服务于劳动力市场，为人员择业、人才流动提供其计算机应用知识与能力的证明，以便用人部门录用和考核工作人员时有统一、客观、公正的标准。

(三) 考试科目设置及证书体系

全国计算机等级考试的等级及科目设置见表 5-1。

表 5-1　全国计算机等级考试科目设置

级别	科目名称	科目代码	考试时长	考核课程代码	获证条件
一级	计算机基础及 WPS Office 应用	14	90 分钟	114	科目 14 考试合格
	计算机基础及 MS Office 应用	15	90 分钟	115	科目 15 考试合格
	计算机基础及 Photoshop 应用	16	90 分钟	116	科目 16 考试合格
	网络安全素质教育	17	90 分钟	117	科目 17 考试合格
二级	C 语言程序设计	24	120 分钟	201、224	科目 24 考试合格
	Java 语言程序设计	28	120 分钟	201、228	科目 28 考试合格
	Access 数据库程序设计	29	120 分钟	201、229	科目 29 考试合格

续表

级别	科目名称	科目代码	考试时长	考核课程代码	获证条件
二级	C++语言程序设计	61	120 分钟	201、261	科目 61 考试合格
	MySQL 数据库程序设计	63	120 分钟	201、263	科目 63 考试合格
	Web 程序设计	64	120 分钟	201、264	科目 64 考试合格
	MS Office 高级应用与设计	65	120 分钟	201、265	科目 65 考试合格
	Python 语言程序设计	66	120 分钟	201、266	科目 66 考试合格
	WPS Office 高级应用与设计	67	120 分钟	201、267	科目 67 考试合格
三级	网络技术	35	120 分钟	335	科目 35 考试合格
	数据库技术	36	120 分钟	336	科目 36 考试合格
	信息安全技术	38	120 分钟	338	科目 38 考试合格
	嵌入式系统开发技术	39	120 分钟	339	科目 39 考试合格
	Linux 应用与开发技术	71	120 分钟	371	科目 71 考试合格
四级	网络工程师	41	90 分钟	401、403	获得科目 35 证书，科目 41 考试合格
	数据库工程师	42	90 分钟	401、404	获得科目 36 证书，科目 42 考试合格
	信息安全工程师	44	90 分钟	401、403	获得科目 38 证书，科目 44 考试合格
	嵌入式系统开发工程师	45	90 分钟	401、402	获得科目 39 证书，科目 45 考试合格
	Linux 应用与开发开发工程师	46	90 分钟	401、402	获得科目 71 证书，科目 46 考试合格

各等级考试的特征如下：

(1) 一级：操作技能级。考核计算机基础知识及计算机基本操作能力，包括 Office 办公软件、图形图像软件、网络安全素质教育。

(2) 二级：程序设计、办公软件高级应用级。考核内容包括计算机语言与基础程序设计能力，要求参试者掌握一门计算机语言，可选类别有高级语言程序设计类、数据库程序设计类等；二级还包括办公软件高级应用能力，要求参试者具有计算机应用知识及 Office 办公软件的高级应用能力，能够在实际办公环境中开展具体应用。

(3) 三级：工程师预备级。三级证书考核面向应用、面向职业的岗位专业技能。

(4) 四级：工程师级。四级证书面向已持有三级相关证书的考生，考核计算机专业课程，是面向应用、面向职业的工程师岗位证书。

(四) 开考等级与考试时间

全国计算机等级考试每年考四次，时间为每年 3 月、5 月、9 月、12 月，其中 3 月和 9 月开考全部级别全部科目，5 月和 12 月开考一、二级全部科目，省级承办机构根据情况决定是否开考 5 月和 12 月考试；每次考试具体报名时间由各省级承办机构规定，考生可登录各省级承办机构网站查询。

(五) 考试报名

考生按照省级承办机构公布的报名流程进行网上报名。考生凭有效身份证件进行报名。有效身份证件指居民身份证(含临时身份证)、港澳居民来往内地通行证、台湾居民往来大陆通行证、港澳台居民居住证和护照。报名时，考生应提供准确的出生日期(8 位字符型)，否则将导致成绩合格的考生无法进行证书编号和打印证书。报名时，考生自己对填报信息负责。报名时应交纳报名考试费，费用标准由当地物价部门规定。报名缴费成功的考生，根据考点的要求，自行打印准考证或由考点统一打印并下发准考证。

(六) 合格证书

全国计算机等级考试合格证书用中英两种文字书写，全国通用。它是持有人计算机应用知识和能力的证明，可供用人部门录用和考核工作人员时参考。

成绩合格者由教育部考试中心颁发合格证书。依据考生考试成绩，合格证书上注明“优秀”“良好”或“合格”字样。

等级考试合格证书是终身有效的,等级考试大纲每 2 至 3 年更新一次，但更新不影响以前证书的效力。

（七）其他

具备二级C语言程序设计笔试和上机合格证书者，可以免考自学考试《高级语言程序设计》课程；具备三级PC技术笔试和上机合格证书者，可以免考自学考试《微型计算机及其接口技术》和《微型计算机原理》课程理论和上机考试。

五、国家职业资格考试

职业资格考试即职业技能鉴定。鉴定是一项基于职业技能水平的考核活动，属于标准参照型考试。

（一）职业资格证书制度

职业资格证书制度是劳动就业制度的一项重要内容，也是一种特殊形式的国家考试制度。它是指按照国家制定的职业技能标准或任职资格条件，通过政府认定的考核鉴定机构，对劳动者的技能水平或职业资格进行客观公正、科学规范的评价和鉴定，对合格者授予相应的国家职业资格证书。

（二）职业资格证书的作用

职业资格证书是表明劳动者具有从事某一职业所必备的学识和技能的证明。它是劳动者求职、任职、开业的资格凭证，是用人单位招聘、录用劳动者的主要依据，也是境外就业、对外劳务合作人员办理技能水平公证的有效证件。

（三）实施职业资格证书制度的法律依据

《劳动法》第八章第六十九条规定："国家确定职业分类，对规定的职业制定职业技能标准，实行职业资格证书制度，由经过政府批准的考核鉴定机构负责对劳动者实施职业技能考核鉴定。"《职业教育法》第一章第八条明确指出："实施职业教育应当根据实际需要，同国家制定的职业分类和职业等级标准相适应，实行学历文凭、培训证书和职业资格证书制度。"这些法规确定了国家推行职业资格证书制度和开展职业技能鉴定的法律依据。

（四）国家推行职业资格证书制度的意义

开展职业技能鉴定，推行职业资格证书制度，是落实党中央、国务院提出的"科教兴国"战略方针的重要举措，也是我国人力资源开发的一项战略措施。这对于提高劳动者素质、促进劳动力市场的建设以及深化国有企业改革、促进经济发展都具有重要意义。

(五) 职业资格证书的办理程序

根据国家有关规定，办理职业资格证书的程序为：职业技能鉴定所(站)将考核合格人员名单报经当地职业技能鉴定指导中心审核，再报经同级劳动保障行政部门或行业部门劳动保障工作机构批准后，由职业技能鉴定指导中心按照国家规定的证书编码方案和填写格式要求统一办理证书，加盖职业技能鉴定机构专用印章，经同级劳动保障行政部门或行业部门劳动保障工作机构验印后，由职业技能鉴定所(站)送交本人。

(六) 就业准入

所谓就业准入，是指根据《劳动法》和《职业教育法》的有关规定，对从事技术复杂，通用性广，涉及国家财产、人民生命安全和消费者利益的职业(工种)的劳动者，必须经过培训，并取得职业资格证书后，方可上岗就业。实行就业准入的职业范围由劳动和社会保障部确定并向社会发布。

(七) 国家规定实行就业准入的职业

目前，劳动和社会保障部依据《中华人民共和国职业分类大典》确定了实行就业准入的 66 个职业目录。它们分别是：车工、铣工、磨工、镗工、组合机床操作工、加工中心操作工、铸造工、锻造工、焊工、金属热处理工、冷作钣金工、涂装工、装配钳工、工具钳工、机修钳工、汽车修理工、摩托车维修工、锅炉设备安装工、维修电工、电子计算机维修工、手工木工、精细木工、贵金属首饰手工制作工、土石方机械操作工、砌筑工、混凝土工、钢筋工、架子工、防水工、装饰装修工、电气设备安装工、管工、汽车驾驶员、起重装卸机械操作工、音响调音员、纺织纤维检验工、贵金属首饰钻石宝玉石检验员、动物疫病防治员、动物检疫检验员、沼气生产工、推销员、中药购销员、鉴定估价师、医药商品购销员、中式烹调师、中式面点师、西式烹调师、西式面点师、调酒师、保健按摩师、职业指导员、物业管理员、锅炉操作工、美容师、美发师、摄影师、眼镜验光员、眼镜定配工、家用电子产品维修工、家用电器产品维修工、钟表维修工、办公设备维修工、秘书、计算机操作员、话务员、用户通信终端维修员。

(八) 国家对实行就业准入的具体规定

职业介绍机构要在显著位置公告实行就业准入的职业范围，各地印制的求职登记表中要有登记职业资格证书的栏目，用人单位招聘广告栏中也应有相应职业资格要求。职业介绍机构的工作人员在工作过程中，对国家规定实行就业准入的职业，应要求求职者出示职业资格证书并进行查验，凭证推荐就业；用人单位要凭证招聘用工从事就业准入职业的新生劳动力，就业前必须经过一到三年的职业培训，并取得职业资格证书；对招收未取得相应职业人员的用人单位，劳动监察机构应依法查处，并责令其改正。

(九) 国家职业资格证书等级

我国职业资格证书分为五个等级：初级(五级)、中级(四级)、高级(三级、技师(C 级)和高级技师(一级)。

(十) 职业技能鉴定

职业技能鉴定是一项基于职业技能水平的考核活动，属于标准参照型考试。它是由考试考核机构对劳动者从事某种职业所应掌握的技术理论知识和实际操作能力作出的客观测量和评价。职业技能鉴定是国家职业资格证书制度的重要组成部分。

课 后 练 习

1. 大学学习有哪些好的学习方法？
2. 大学生如何在考试中建立诚信原则？
3. 大学生在读期间，可以考取哪些比较有价值的证书？

第六章　校园文化生活

【案例导入】

2020 年 9 月 7 日，湖南邮电职业技术学院报到处，新生通过扫码登记，快速完成一站式报到。当天，该学院启用大数据助力迎新，通过易班线上平台，让新生在开学前进行预报到，实现“未报到，先选寝；未报到，先学习”。迎新现场还设置了易班大数据展示区，将后台的“大数据”可视化，实时展示迎新进度。此外，校内报道处还设置了绿色通道、医疗救护站、青年志愿者服务站、学生宿舍维修服务站，帮助新生顺利入校学习生活。

校园文化是以学生为主体，以校园为主要空间，以课外文化活动为主要载体，并涵盖院校领导、教职员工，以育人为主要导向，以精神文化、环境文化、行为文化和制度文化建设等为主要内容，以校园精神、文明为主要特征的一种群体文化。它主要包括：以青年学生为代表的文化观念以及有所规范的学生特有的思维特征、行为特征和方式；学生课余生活中一切以群体形式出现的文化活动，如篮球社、跆拳道社、书画社、文学社等社团活动，其中最能体现校园文化本质内容的是校园学风或校园精神。

校园文化是社会整体文化的一部分，是学校所具有的特定的精神环境和文化气氛。它包括校园建筑设计、校园景观、绿化美化这种物化形态的内容，也包括学校的传统、校风、学风、人际关系、集体舆论、心理氛围以及学校的各种规章制度和学校成员在共同活动交往中形成的非明文规范的行为准则。健康的校园文化可以陶冶学生的情操，启迪学生的心智，促进学生的全面发展。

校园文化是学校本身形成和发展的物质文化和精神文化的总和，由于学校是教育人、培养人的社区，因而校园文化一般取其精神文化之含义。即学校共同成员在学校发展过程中，逐步形成的包括学校最高目标、价值观、校风、传统习惯、行为规范和规章制度在内的精神总和。校园文化对于提高师生员工的凝聚力，培养良好的校风，培育“四有”

新人都具有重要的意义。学校没有了千万个朝气蓬勃的学生，无论多么英明的领导团体、多么扎实的硬件设施、多么雄厚的师资队伍都不可能使得一个学校的校园拥有强大的生命力。在大学校园文化中，大学生特有的思想观念、心理素质、价值取向和思维方式等是校园文化的核心。在这种由大学生自己为主体营造的人文环境和文化氛围中，有校园特色的人际关系、生活方式以及由大学生参与的讲座、社团及其他科学文化体育活动和各类文化设施会作为校园文化的主要特征充盈着大学校园的各方面，从而使得大学校园更富有生机和活力。

在当今高等教育中，校园文化应该发挥重要的作用。校园文化是常新的，但是是能够保持永恒魅力的，是能够激发青年学生激情，能够唤起青年一代高尚、独立的人格追求和道德追求的文化。当代校园文化建设进入了网络环境，应运而生的各种网络社团、校园文化宣传站从软层面提升了校园文化的内涵。由此可以看出，校园文化是一种融学术性、知识性、团体性、趣味性和现代性为一体的活动，它充分发挥了同学们的青春热情和张扬的个性，对每一个学生都具有强大的吸引力。校园文化，折射了大学生心灵的阳光，每一缕都是他们灵魂的体现。

第一节　团学组织机构

学院各级学生团总支和学生会是校园中的两支不可缺少的学生队伍力量，既有着各自鲜明的特点和独有的作用，又有着千丝万缕的联系。在建设美丽平安校园过程中，要充分地发挥二者的主观能动作用，加强思想政治引导工作，使得校园文化和学生干部队伍更加繁荣。

学生会作为学生自己的群众性组织，是学校联系学生的桥梁和纽带。学生会在学校党总支的领导和学校团委的指导下，紧紧围绕学校的中心工作，以服务同学、促进全体学生全面发展为工作宗旨，通过开展有益于同学身心健康的学习、创作、文体、社会实践、志愿者服务、社会公益等活动，积极创造良好的学风、校风，引导全校学生不断提高思想觉悟，牢固掌握各科知识，争做品德高尚、志趣高雅、知识广博、全面发展的大学生。学生会作为团结、带领广大青年学生发展、成长的群众组织，它在维护广大学生利益、丰富学生业余生活、促进大学生全面发展方面发挥着重要作用。同时，学生文化建设是校园文化建设的重要组成部分，学生会及其下属的各级部门开展的各种形式新颖、内容健康、有品位、有档次的活动，正成为校园文化活动中的品牌项目。

共青团是中国共产党领导的先进青年群众组织，是中国共产党联系青年群众的桥梁和纽带，是中华人民共和国的重要社会支柱。共青团工作的主要任务：一是以理想信念教育为重点，引导学生树立为国家富强、民族复兴而奋发成才的远大理想，初步了解中国特色社会主义理论体系，逐步确立跟党走中国特色社会主义道路的信念。二是以思想品德教育为基础，引导学生践行社会主义荣辱观，锤炼意志品格，增强法制意识，明确社会责任，树立积极向上的生活态度。三是以提高综合素质为导向，帮助学生掌握表达、交流、沟通和组织、协调、合作等技能，提高学习能力、实践能力、创新能力和社会观察能力，促进学生全面发展。学院充分利用丰富的红色资源，每学期都组织优秀学生及学生干部赴革命圣地进行革命传统教育。

我院充分发挥团总支和团支部在广大团员里的作用，在校园文化建设方面开展丰富多彩的主题团日活动，使广大学生通过对世界观、人生观、价值观的正确认知，逐步学会做人，学会做事，学会生活。优美的校园文化环境、浓厚的学术氛围、丰富多彩的校园文化活动、崇高的校园精神，学生置身其中，耳濡目染如沐春风，陶冶自己的性情，净化自己的灵魂，逐渐体验出人生的意蕴，努力培养自己的良好习惯和高尚情操。学院围绕育人这一目标来定位，加强学生思想政治建设，特别是引导团员坚持正确的政治立场和政治方向，在丰富多彩的团委活动中加强对学生的思想政治教育。比如，学院开展的主题团日学习、院长面对面思政专题讲座、励志讲座等通过举办各类讲座提高学生的思想认识，同时也让校园内涵更加丰富。这类讲座引导教育学生热爱祖国，热爱劳动，讲正气，树新风，做一个对社会负责任的人。学院团委还通过举行团干培训班、学生干部素质拓展班等活动，加强团员干部的业务能力和沟通能力，让他们在今后的工作学习中除了掌握自己的专业知识外，还能够更好地融入社会。

团委活动在校园文化中是一道亮丽的风景线，积极地引导和组织团员创建美好的校园文化，使得校园文化得到了提升和发展。学生通过参加团活动增进了相互之间的了解，增加了思想交流，人际关系越来越和谐，更加懂得合作，更加具有学生时代的特色。

第二节　社团和协会

社团(协会)活动是丰富多彩的大学生活中必不可少的，我们学院现共有 17 个社团(协会)。

(一) 电子商务协会

电子商务协会遵守社会主义道德新风尚，在建设有中国特色的社会主义理论指导下，努力为大学生服务，为学校服务，为社会服务，按照“公正、团结、服务”的原则开展工作，在学校管理部门和从事电子商务的事业单位及学生个人之间发挥纽带和桥梁作用，促进电子商务事业在大学生群体中的发展，引领校园中的商业文化，铺垫了大学生创业之路。

(二) 创新创业协会

创新创业协会是隶属学院创业就业指导处的协会组织。本协会是以为学生就业、创新创业、社会实践等提供帮助为主导思想的公益性学生团体，是本校创业实践性质里规模最大、实力最强的社团组织，为广大学生提供理论与实践相结合，提高并展示自己能力，锻炼并实现自己创业梦想的舞台。

(三) 弥生动漫社

弥生动漫社是由喜爱 ACG 文化的小伙伴们自愿结成的社团组织。本社团秉持健康、积极向上的原则，丰富校园文化生活，服务广大动漫爱好者，为动漫爱好者们创造一个交流的平台。

(四) 移动通信协会

移动通信协会在学院是一个具有传承性的协会，是学院第一个学术类协会，于 2010 年成立，协会里有专业负责的指导老师带队。移动通信协会每年都有 2～4 次常规活动，如“中兴杯”通信知识竞赛、4G 知识竞赛等。

(五) 通信技术协会

通信技术协会是由校内的通信爱好者自发组织，由学院团委和信息通信学院监督管理的校级协会组织。协会会不定期开展各类通信专业技能培训，培养成员的专业知识技能，并定期开展各种校内通信技能竞赛(如“中兴杯”通信知识竞赛、“5.17 电信日”)，为省赛和国赛选拔人才(如 5G 全网建设国赛)，能为协会成员提供一个展示自身能力的平台。

(六) 棋牌桌游社

棋牌桌游社是学生自发组织的学校社团组织，目的是推广中国传统文化，同时也丰富在校大学生课余文化生活，提高在校大学生参与活动的积极性。本社传承以中华民族国粹为核心的中国象棋、围棋文化；融合了以古典色彩为内涵的国际象棋和跳棋艺术；凝聚了孕育民间雅趣的五子棋、军棋智慧，更结合了当下盛行的桌游元素，集多种文化内涵为一体。

(七) 清渠读书协会

清渠读书协会成立于 2018 年，以“爱读书，读好书，以书会友”为口号，以书籍为纽带联结图书馆与广大读书爱好者。协会的宗旨是立足校园，以读书社为平台，以第二课堂活动为载体，营造校园浓厚的学习氛围，积极引导学生解读文化、品位文化，共同挖掘人类优秀文化宝藏，激发学生的阅读兴趣，培养学生的文学素养以及“读、写、讲、评、展”等实践能力，促进学生思想道德素质和科学文化素质以及思考创新能力的全面提高。

(八) 足球社

足球社以提高我院学生足球理论知识和技术水平为任务，以全面提升人才培养质量为核心，在足球技术中融入职业道德精神，打造一个文明、规范、自强、自律的竞技式社团。湖南邮电职业技术学院足球社面对全院吸收喜欢足球运动的学生。

(九) 排球社

排球社是以爱好排球运动的学生为主体的学生社团，定期组织排球练习，每年也会组织排球赛，让学生在排球中深化学习中国女排精神。

(十) 星河街舞社

星河街舞社由一群青春澎湃的大学生组成，他们因热爱街舞而聚集，具体有 Jazz、Popping、Hiphop、Breaking 四个舞种。为丰富我院大学生业余生活，陶冶学生道德情操，提高社员的肢体表达能力，提高个人艺术才能，提升社团影响力，街舞社定期开展校园文艺活动，使同学们能够充分了解街舞社的蓬勃与朝气。

(十一) 羽毛球社

羽毛球社是以“以球会友、增强体质、陶冶情操、为校争光”为宗旨，为爱好羽毛球的同学营造一个良好的交流平台。

(十二) 滑板社

滑板是集娱乐性、艺术性、运动性于一体的运动。滑板社会努力让大家体会滑板的乐趣，使同学们的大学生活更加丰富多彩。

(十三) 武术社

武术是中华民族数千年传承发展的国粹之一，是一种独特的强身健体的体育活动。中华武术作为优秀而又古老的传统文化，可谓源远流长，博大精深，其传承的尚武精神越来越符合现代人们的审美价值取向。武术社就是以传承武术为宗旨而设立的学生社团。

(十四) 雨林书画协会

雨林书画协会以提升学生的修养品质为目标，以培育素养、崇尚个性为理念，以提高学校的知名度为理想与追求，通过对联，硬软笔书法，美术素描，色彩作品，让学生在笔墨纸砚中感受书画带来的乐趣，达到修身养性的效果。

(十五) 篮球社

篮球社本着友谊、团结、奋进、提高、充实、以球会友的宗旨为广大篮球爱好者服务，经常性地组织各种篮球比赛，通过比赛来提高同学们的综合素质。

(十六) 吉他社

音乐能使人在繁忙的工作学习中放松身心。吉他是一种浪漫好听的乐器，它能给大家呈现出丰富多彩的音乐，古典音乐的厚重、弗拉明戈舞曲的热情、摇滚乐的激情都能通过它演奏出来。吉他社给爱好音乐、爱好吉他的大学生提供了一个展示自己的平台。

(十七) 市场营销协会

市场营销协会于 2019 年 3 月成立，由经济管理学院各专业志同道合的同学志愿参与。该协会是经济管理学院具有专业性质的协会，协会邀请了专业指导老师，为学生传播现代营销理论和现代市场营销观念。协会通过一系列有利于身心健康的活动，如市场调研、知识讲座、模拟实训，巧妙地将书本与现实相结合，尽量使每一位成员都参与到活动中，充分展示个人才智和专业技能。

第三节　青年志愿者协会

湖南邮电职业技术学院青年志愿者协会是由校群工部(维修部)发展而来的，2020 年正式更名为青年志愿者协会(简称青协)，是由志愿者成立的群众组织，现有志愿者 460 余人。学院青协积极响应上级团组织号召，在学院团委的大力支持和指导下，秉行“团结、友爱、互助、进步”的志愿者精神，深入农村、企业、社区各领域开展形式多样的志愿服务。

一、服务理念

志愿精神是一种利他主义和慈善主义的精神，指的是个人或团体，依其自由意志与兴趣本着协助他人、改善社会的宗旨，不求私利与报酬的社会理念。中国青年志愿者的精神是“奉献、友爱、互助、进步”，我们学院志愿者都秉承着这种精神，为社会贡献自己的一份力量。

二、基本任务

青年志愿者协会秉持“奉献、友爱、互助、进步”的志愿精神，旨在培养我院青年大学生的公民意识和奉献精神，提高大学生的素质，主要在点滴公益课堂、文明交通、无偿献血活动、文明城市创建以及其他社会公益活动中提供志愿服务。在活动中志愿者们都能认真负责地完成本职工作，积极参与到志愿者服务工作中去，得到了社会的肯定。

三、丰富多彩的志愿活动

（一）公益维修

每年青年志愿者协会都会到火把山社区开展公益免费维修活动。活动现场志愿者们以专业的知识解答居民咨询的问题，同时向居民们宣传冬季用火用电的安全常识，志愿者们热情服务积极参与，为居民修电器解疑惑。

（二）公益课堂

公益课堂一直是由我院校团委牵头，学院青年志愿者协会具体实施的一项关爱留守儿童项目，具体合作地点是望城乔口镇乔江书院，主要工作内容是为乔口镇小学同学进行周末授课辅导工作。

（三）无偿献血活动

我院青协在每年4月份和10月份，配合长沙市血液中心组织同学们参加献血活动，为献血的学生做信息登记，做献血知识的宣传。志愿者也积极参加到献血活动中，参与献血。

（四）爱心义卖

为增强我院同学奉献社会、回报社会的意识，同时丰富校园生活，活跃校园气氛，交流传递爱心，大学生志愿者协会主办开展校园爱心义卖活动，筹集善款，全部用于公益捐赠，并就款项进行公开展示。

（五）助老爱亲

为了加强青年志愿者们的志愿服务意识和能力，培养志愿者们的社会责任感，为老年人献上自己的一份爱心，我院青年志愿者协会定期组织志愿者前往芙蓉区常青树老年公寓、火把山社区开展慰问和友爱援助活动。

近年来，青年志愿者的校外活动有所增加，且都发展良好。在崭新的工作中青年志愿者协会满怀对公益事业的热情，为社会奉献青春的力量。

课后练习

1. 如何开展丰富多彩的校园文化活动？
2. 我校的学生会和团总支架构是什么？
3. 大学生应该如何传承志愿服务精神？

第七章　安全防范教育

【案例导入】

2017 年 10 月在某高校一男生寝室，学生王某与陈某发生口角后产生肢体冲突，大打出手。陈某对着王某的眼眶打了一拳，导致王某眼眶红肿；王某将陈某的手机碰到地上导致屏幕破裂。经过多名同学劝架，两人才停止打架，辅导员也及时赶到现场，了解情况后进行了处理。王某当时感觉到视物模糊，辅导员当即送其去医院进行了检查，并垫付了1300 元检查费用。

第一节　法 纪 教 育

法律素养是学生全面素质教育的重要内容之一，法制教育对于培育大学生良好的法律品质，提高法律意识起到促进作用，直接关系和影响我国社会的法制建设。随着经济的发展，原有的法制教育观念、陈旧的教育内容和简单的教学方法已经不能适应形势发展的需要。如今，高校需要提高对法制教育的重要性和必要性的认识，采取有效的措施切实做好大学生法制教育。

一、高校法制教育的意义

(1) 大学生法制教育是高校培育综合型人才的需要。

加强大学生法制教育，一方面是因为大学生的法律素质是指标考核的重要一环；另一方面，法律现象与我们的生活息息相关。因此，大学生学法懂法用法，有利于更好地维护自身的合法权益。

(2) 大学生法制教育是社会主义市场经济发展的需要。

首先，法律当中市场经济主体一律平等，各市场主体享有平等的法律地位。其次，法律用以规范经济活动。市场交易需要遵循平等自愿、公平公正、诚实信用、公平竞争、公序良俗等原则，同时需要有具体的法律来规范。再者，法律对市场秩序进行调整和规范，相应的法律对于正当竞争，维护消费者合法权益，优化资源配置等方面起到约束作用。

(3) 大学生法制教育是实现社会主义法治国家的需要。

有些大学生法制观念淡薄，法律常识缺乏，动辄出现盗窃、故意伤害、散布不良信息等触犯国家法律的问题。通过对大学生开展法治思想培育，使其树立现代民主法制观念，是教育实现社会主义法治国家的重要前提之一。

(4) 大学生法制教育是社会主义精神文明建设的需要。

社会主义法治建设作为社会主义精神文明建设的重要内容之一，是要提高全民的思想觉悟、道德水平、文化教育、法律意识等。法制建设为精神文明建设提供了保障，两者之间有着密切的关联。

二、加强大学生法制教育的措施

(1) 加强法制教育课程建设。
(2) 开展灵活多样的法制教育活动。
(3) 加强法律课程师资队伍的建设。
(4) 营造良好的校园法制氛围。

第二节 人身安全

一、纠纷防范

(一) 纠纷与打架斗殴

大学生纠纷和打架斗殴是校园不稳定因素之一，大多数的纠纷与打架斗殴发生在学生宿舍、食堂、教室、网吧等场所，主要有两种表现形式：一是争吵斗嘴，相互谩骂与攻击；二是由争吵升级为推搡，从而大打出手。还存在其他一些形式，例如写恐吓信，背后造谣、污蔑等。

(二) 纠纷与打架斗殴发生的原因

1. 利益与经济

大学生的竞争意识较强，常对利益极为关注，如评优、评奖学金等，由于同学们看法不尽一致，有的妒忌成仇，有的因争水冲凉、争运动场地、争座位等生活琐事而引发争端，互不相让而发生斗殴。

经济也是诱发打架斗殴的一个因素。如同学之间因共同消费后的经济承担责任有不同意见，有的因相互之间的借、还等经济往来引发纠纷。

2. 恋爱与交友

在校大学生因恋爱问题导致打架也占有一定的比例。有些同学视恋爱为儿戏，对感情不专一，甚至脚踏几条船，引发几个“恋人”之间争风吃醋，继而结伙斗殴。有的因一厢情愿，恋爱不成导致心理失调，继而引发报复斗殴等恶性案件。

极少数学生在交友中，以意气相投的酒肉朋友为对象拉帮结派。他们认为只有哥们义气才是最可信赖的，他们常常依仗人多势众，横行霸道，因而极易酿成聚众的打架斗殴。

3. 猜疑与嫉妒

有些同学因猜忌多疑，总觉得别人跟自己过不去，背地里说自己的坏话；有的说者无心，听者有意，将别人的话武断揣测，无端嫉恨他人；有的因自己财物失窃而对同学妄加猜疑，甚至对所谓“嫌疑人”采取违法的方法进行处理，引发斗殴事件。

同样，嫉妒心严重的人，往往把别人的进步和成绩看作是对自己的威胁，继而引发纠纷，殃及嫉妒对象。

4. 性格与个性

大学生通常来自五湖四海，各人成长环境和条件各不相同，性格差异较大，极易彼此看不惯，互相嫌弃，形成对抗心理，引发纠纷。

(三) 大学生纠纷与打架斗殴的防范原则

(1) 冷静克制，切勿莽撞。
(2) 诚实谦虚，宽容善待。
(3) 相互尊重，措辞得当。

二、消防安全

(一) 校园火灾

在校园案件中，火灾造成的经济损失非常高，严重影响教学科研活动的正常运行。但是，大多数学生对于防火安全意识淡漠，造成火灾事故后，才追悔莫及。为了校园和师生的安全，学生应该了解、学习和掌握防火知识，协助学校做好防火工作，减少和避免火灾的发生，在应对火灾时需掌握防火、灭火的基本原理和方法。

(二) 高校火灾发生的原因

(1) 宿舍内部私接电线，造成电线短路或接触不良引发火灾。

(2) 使用违规大功率电器，使电线过载发热起火。

(3) 随意丢放未熄灭的烟头，引燃可燃物如纸张衣物等，引发火灾。

(4) 使用电热器具后，疏忽大意忘记关闭电源而离开房间，长时间通电发热引起火灾。

(5) 电器设备、电路的避雷设施失效，遭雷击引起电器设备起火。

(三) 火场逃生常识

(1) 不能迟疑、患得患失。火灾中，生命才是最重要的，要争分夺秒地逃离火灾现场。迟疑不决、患得患失，容易耽误最佳逃生和救助时机。

(2) 防止被浓烟呛到。将毛巾用水打湿捂在嘴上作为口罩，逃生过程中要尽可能弯曲身子。

(3) 不能乘坐一般电梯。高楼起火后容易断电而造成电梯“卡壳”，这样逃生者会被困在电梯中，反而处于更危险的境地，给救援工作增加难度。另外，电梯口直通大楼各层，火场上烟气涌入电梯井极易形成“烟囱效应”，人在电梯里随时会被浓烟毒气熏呛而窒息。

(4) 不要幻想可以突破火点，因为火场中心温度达 1000℃以上。如果没有浸湿的毛巾，人最多在滚滚浓烟中坚持 3 分钟，如果有这块毛巾，就能够多坚持 1.5 分钟。

(5) 不可钻床底下、衣橱内、阁楼上。高层建筑火灾中切记千万不可钻到床底下、衣橱内、阁楼上躲避火焰或烟雾。因为这些都是火灾现场中最危险的地方，而且又不易被消防人员发觉，难以获得及时的营救。

(6) 不可盲目跳楼。在得不到及时救援，又身居较高楼层的情况下切不可盲目跳楼，可用房间内的床单、棉被、窗帘等织物撕成能负重的布条连成绳索，系在窗户或阳台的构件上向楼下滑去，也可利用门窗、阳台、落水管等逃生自救。

(7) 学会使用求救信号。除了拨打手机之外，也可从阳台或临街的窗户向外发出呼救信号，比如向楼下抛扔沙发垫、枕头和衣物等软体信号物，也可寻找色彩亮丽的衣服或者布条，从窗户里向外大幅度晃动，引人注意。夜间则可用打开手电、应急照明灯等方式发出求救信号，帮助营救人员找到确切目标。

(8) 分清灭火器类型。学会使用灭火器，“一提二拔三对准四喷”，注意区分干粉和干冰灭火器。当有人身上着火的时候，只能使用干粉灭火器对他们的身体进行喷射，干冰灭火器喷出的零下 70 摄氏度的干冰，会让他们着火的身体发生爆炸。

三、交通安全

(一) 交通事故种类

1. 机动车事故

机动车事故是指事故当事方中汽车、摩托车、拖拉机等机动车负主要责任以上的事故。机动车驾驶人员违反交通法规而发生的事故包括违反安全驾驶规则、违反限制车速规定、违反优先通行原则、路口闯红灯、酒后开车、过度疲劳等造成的交通事故。

2. 非机动车事故

非机动车事故是指自行车、三轮车、电动车等按非机动车管理的车辆负主要责任的事故。非机动车驾驶人违反交通法规的行为包括在快车道上骑行、逆行、交叉路口闯红灯、雨天骑车打伞、骑车带人、在人行道上骑车以及载物不当等。

3. 行人事故

行人事故指的是事故各方当事人中，行人负主要责任以上的事故。行人违反交通法规的行为包括无视交通信号、不走人行道、在快车道或慢车道上行走、随意横穿或斜穿马路、儿童街上玩耍等。

(二) 交通事故预防措施

1. 提高交通安全意识

交通安全意识很重要，不论校园内外，大学生遵守交通规则是基本要求，没有交通安全意识很容易带来生命之忧。

2. 自觉遵守交通法规

除了提高交通安全意识、掌握基本的交通安全常识外，还必须自觉遵守交通法规，才能保证安全。

(1) 在道路上行走应走人行道，无人行道时靠右边行走。走路时要集中精力，“眼观六路，耳听八方”。

(2) 不与机动车抢道，不突然横穿马路、翻越护栏，过街走人行横道。

(3) 不闯红灯，不进入标有“禁止行人通行”“危险”等标志的地方。

(4) 安全乘坐交通工具。乘坐市内公交车的时候，等车停稳后依次上车，不挤不抢，车辆行驶中不得把身体伸出窗外。

(5) 乘坐长途客车、中巴车、短途车时不能因贪图便宜而乘坐车况不好的车，更不要乘坐“黑车”“摩的”，因为这些车辆的安全保障性较差。

(6) 乘坐火车、轮船、飞机时必须遵守车站、码头和机场的各项安全管理规定。

(三) 交通事故的自救与互救

1. 现场抢救遵循的基本原则

先人后物：先抢救人员，后抢救财物。

先重后轻：先抢救伤势严重的人员，后抢救伤势较轻的人员。

2. 现场求救的方法

在事故现场利用电话向公安、交通、医疗救护部门呼救，也可拦截过往车辆求救，或就近向工矿企业、部队、机关等单位紧急求援。

3. 事故自救知识

(1) 车祸发生时，应沉着冷静，保持清醒的头脑，千万不要惊慌失措。

(2) 驾驶人要迅速辨明情况，按照“先救人、后顾车；先断电路，后断油路”的原则，把事故损失降到最低程度。

(3) 发生翻车事故时，驾驶人应紧紧抓住方向盘，两脚勾住离合器踏板或油门踏板，尽量使身体固定，防止在驾驶室内翻滚、碰撞而致伤。乘客应迅速趴到座椅上，紧紧抓住前排座位或扶杆、把手等固定物，低下头，利用前排座椅靠背或手臂保护头部；若遇翻车或坠车时，应迅速蹲下身体，紧紧抓住前排座位的椅脚，身体尽量固定在两排座位之间，随车翻转；车辆在行驶中发生事故时，乘客不要盲目跳车，应在车辆停下后再陆续撤离。

(4) 万一人被抛出驾驶室或车厢，应迅速抱住头部，并缩成球状就势翻滚，其目的是减少落地时的反作用力，减轻头部、胸部的损伤。同时尽量远离危险区域。

(5) 当翻车已不可避免，需要跳车时，应用力蹬双脚，增大向外抛出的力量和距离，不能顺着翻车的方向跳车，以防跳出后又被车辆重新压上。

(6) 在撞车事故中，巨大的撞击力常常对人造成重大伤害。因此，搭乘人员应紧握扶手或靠背，同时双脚稍微弯曲用力向前蹬，使撞击力尽量消耗在自己的手腕和腿弯之间，减缓身体前冲的速度和力量。

(7) 驾驶人在寻找自救方法的同时，要兼顾别人的安全以及货物、财产可能造成的损失。

(8) 在公路上发生车祸时，要注意保护好现场，及时救护伤员，尽快报警，争取得到交通警察的帮助，防止造成交通堵塞。

(9) 在车祸中，如果头颅、胸部和腹部受到撞击或挤压，即便仅是隐隐作痛，也要警惕内脏出血，应及时到医院诊治，千万不可掉以轻心，防止内出血突然加剧而导致死亡。

(10) 车辆意外失火时，应破窗脱身打滚灭火。行车途中汽车突然起火，驾驶人应立即熄火，切断油和电源，关闭百叶窗和点火开关后，设法组织车内人员迅速离开车体。若因车辆碰撞变形，车门无法打开时，可从前后挡风玻璃或车窗处脱身。

(11) 车辆落水时，先深呼吸再开车门。汽车翻进河里，若水较深时，先不要急于打开车门和车窗玻璃，因为这时车门是难以打开的。此时，车厢内的氧气可供司机和乘客维持5～10 分钟，应首先使头部保持在水面上，迅速用力推开车门或玻璃，同时深吸一口气，及时浮出水面。

(12) 当车辆迎面碰撞时，应两脚踏直身体后倾。一旦遇到事故发生，当迎面碰撞的主要方位不在司机一侧时，司机应紧握方向盘，两腿向前踏直，身体后倾，保持身体平衡。

第三节　预 防 诈 骗

诈骗距离我们并不遥远，也许就在不经意间，一条短信、一个电话就出卖了我们的财产安全，因此在心理上我们一定要有一个“防火墙”，掌握必要的识骗防骗知识。

一、日常诈骗方式

电信网络诈骗，是犯罪分子利用手机短信、电话、邮寄和网络等通信手段实施的新型诈骗犯罪活动。近年来，随着国际互联网、通信网络的发展，新型的网络消费方式为广大群众带来了实惠和便利，同时也给不法分子利用现代通讯技术和网络结算方式实施诈骗等犯罪活动提供了可乘之机。

(一) 常见的诈骗方式

常见的诈骗方式有以下几种。

1. 虚假贷款

骗子通过网络媒体、电话、短信、社交工具等方式发布办理贷款的广告信息，后冒充银行、贷款公司工作人员联系学生，获取学生信息，以收取手续费、交纳年息、保证金、税款、代办费等为由，或者以检验还贷能力、刷流水、调整利率、降息、提高信誉等方式，诱骗学生转账汇款。

2. 网络兼职刷单

通过网页、招聘平台、抖音等渠道推广兼职广告，招募人员进行网络兼职刷单，还有以抖音、快手等视频直播软件提升人气为由，刷粉丝、点赞等，以兼职刷单作为诱导，并承诺返利、返佣金，都是网络诈骗陷阱。一般被害人刷第一单时骗子会小额返利让被害人尝到甜头，当被害人刷单交易额变大后，骗子就会以各种理由拒不返款并将其拉黑。

3. 网络交友诱导投资赌博(“杀猪盘”)

骗子首先通过网络社交工具(QQ、微信、陌陌、抖音等)、短信、网页上发布推广股票、期货、虚拟货币等投资理财的信息，学生主动联系骗子或者骗子主动加被害人为好友后(与被害人交友、确定男女朋友关系等)将投资理财网站或 APP 发送给受害人，谎称能轻松赚钱、有内幕消息、有网站漏洞，或者谎称自己为职业投资顾问、证券经理等，诱导被害人在骗子提供的虚假网站、APP 投资。被害人在投入大量资金后，发现无法提现或全部亏损，再与对方交涉时，发现对方将自己拉黑或者失联。

4. 冒充公检法

骗子巧舌如簧，让学生彻底相信自己卷入了一个重大案件，随时可能被捕。为了增强可信度，让骗局更加逼真，骗子会通过虚假的政法机关官网或网络传真给受害人发通缉令或传票，再利用受害人的恐慌心理，缓和语气，进一步骗取信任，让被害人转账汇款。

5. 冒充熟人

犯罪分子拨打学生电话或盗用 QQ 后冒充熟人，向手机用户或 QQ 好友、联系人发布信息，声称遇到车祸、生病住院、交学费等情况，诱骗对方汇款到其指定账户。

6. 冒充客服

犯罪分子冒充淘宝卖家，以系统故障要求受害人重新支付为由，诱使学生登录与淘宝网极为相似的钓鱼网站实施诈骗，或以退款为由骗得受害人银行卡号和密码来实施诈骗。

7. 就业招聘诈骗

不法分子在各大网站论坛发布虚假招聘信息，设立虚假的某大型企业招聘网站，以向求职者收取手续费、介绍费、押金等为名实施诈骗。

(二) 预防诈骗的措施

骗子行骗通常抓住了人们心理上的弱点，进行利益诱惑或者危言耸听，最终达到骗取财物的目的。尽管骗术形式多样，但坚持“莫贪小便宜，天上不会掉馅饼”的警句依旧是最有效的防骗形式。除此之外，增强防骗知识，提高防范意识和识别骗术能力，注意妥善保管自己的私人信息，才能不受损失。

信用贷款要正规，不明链接莫下载；
提防刷单返佣金，让你掏钱无底洞；
基金理财和投资，多是骗局莫搭理；
购物退款送便宜，哄你汇钱是目的；

交友赌博套路深，一旦被骗难翻身；
冒充领导公检法，其实骗子在演戏；
虚假购物要小心，反复要钱是陷阱；
熟人转账需警惕，身份核实要当心；
购买装备和点卡，细分真假二维码；
网恋交友勿轻信，对方身份要核实。

二、谨防传销

传销是指组织者发展人员，通过对被发展人员以其直接或者间接发展的人员数量或者业绩为依据计算和给付报酬，或者要求被发展人员以交纳一定费用为条件取得加入资格等方式获得财富的违法行为。新型传销不限制人身自由，不收身份证手机，不集体上大课，而是以资本运作为旗号拉人骗钱，谎称开豪车，穿金戴银等，用金钱吸引，让被害人拉亲朋好友加入，最后血本无归。

（一）传销组织常见模式

(1) “纯资本运作”传销模式。

纯资本运作模式传销既不依附于任何公司、企业经营，也没有任何商品、劳务借口，其利益来源纯粹为下级缴款。参与者只要缴纳一定金额“入门费”后，就可以通过发展会员、下线缴款来提成，提成的多少依参加者的层级身份而定。依其模式理论，任何一个参加者，只要努力发展下线，均可获得巨额收益。

(2) 以消费返利为诱饵的传销模式。

此类传销隐蔽性很强，多以“消费返利”“购物还本”为幌子，承诺高额回报，按层级发展会员，收取巨额佣金，获取非法利益。

(3) 以投资原始股、基金等为名的传销模式。

此类传销多以海外、香港、北京等公司名义，事先经过专门“包装”，并在网上设立网址，夸大公司资金和业绩，虚假宣传，进行传销。

(4) 以养老保险返利为名的传销模式。

以买养老保险的名义诱惑老人，多推行类似“三养合一”的消费养老模式，要求投资者进行消费投资。投资者加入后可注册成为会员，如果会员发展新投资者，就会成为新投资者的推荐人，并获得相应返利，发展的投资者越多，获利就越多。

（二）如何避免掉入传销陷阱

(1) 防范“杀熟”，警惕暴富诱惑。

亲友介绍异地投资、工作机会，或久未联系的朋友突然邀请旅行游玩、介绍对象等，一定要谨慎，可通过 114 查询、工商注册查询等，多方核实。

(2) 仔细查询公司信息。

正规招聘网站上的公司也并非全部正规，要仔细核查，包括公司详细地址、电话、业内评价和做过的案例等。不排除有传销组织套用其他公司信息，最好多方询问公司所在地的朋友，提高警惕。

(3) 电话面试多询问。

电话面试中，可深入问几个专业问题及项目具体情况，如果对方吞吞吐吐或回避问题，一定要提高警惕。

(4) 临时变更地址要小心。

到达规定地点后，对方打电话变更见面地址，要小心。可询问附近群众是否有这家公司在办公，如对方说派车来接，不要随便上车，很可能已与传销组织串通好。

(5) 见面地点偏僻不要去。

如发现见面地址很偏僻，就不要前往，地点地址一定要发给家人、朋友。一般情况下正规公司都会签订合约再工作，直接去工地或者项目地点要小心。

(6) 关心家庭情况要留心。

传销组织通常会问家人是否在身边，在这个城市有没有朋友等。可故意夸大自己的人脉，说在这个城市有很多朋友，医院、公安局也有熟人，传销组织有所顾忌，自己也有更大机会逃脱。

(三) 误入传销组织如何自救

(1) 保管好手机、身份证、银行卡等物品，尽量不让它们落入对方手中。

(2) 记住地址，伺机报警。观察附近有无标志性建筑，记住路线，留意自己所处的具体位置、楼栋号、门牌号等。

(3) 利用上街和考察的时机，突然挣脱求救，抓住任何可能逃生的机会。

(4) 装病。尽可能地折腾对方，让他们不得安宁，最终同意外出就医。

(5) 在上厕所时偷偷写好求救纸条，趁人不备从窗户扔纸条求救。

(6) 如果被看得很紧，想办法伪装，骗取对方信任，等他们放松警惕时，再伺机逃离。

(7) 发短信给亲人或者好友等。短信信息切不可直白，可用一些暗语，比如，9595，即救我救我。

(8) 被洗脑时一定要保持清醒冷静，可有意开小差，不被其内容引诱。

(9) 无论何时何地，何人说教，一定要装作不懂，使其放松警惕，但是不能装得太假。

(10) 如果被要求拉人进来，要向亲朋好友做出反常表现，让亲朋好友能够意识到你被困在传销窝里。

三、警惕校园贷

（一）什么是校园贷

校园贷是指在校学生向各类借贷平台借钱的行为。校园贷是近年来 P2P 网贷平台发展最迅猛的产品类别之一，因为消费市场巨大，不法分子频繁利用不良校园贷向学生群体进行违法金融活动。不良校园贷主要表现为通过采取虚假宣传、降低贷款门槛、隐瞒实际资费标准等不合规手段积极主动诱导学生过度消费或给学生恶意放贷。

（二）校园贷的常用手段

1. 名为助学，实则圈钱

不法分子往往以家境贫困、尤其是从边远闭塞地区考入大城市的大学生为目标，以提供助学金的名义，要求学生提前将学费汇入指定的账户，用于“成功注册学籍”。

2. 名为校友，实则骗子

不法分子假冒同学或校友身份，获取信任，借手续费、奖励话费等名义，引诱被害人提供真实身份信息，假冒其身份骗贷圈钱。

3. 名为帮忙，实则借贷

身边同学苦苦请求，借用受害人学生证或身份证信息帮他办理校园贷或注册网络公司，若出于义气将自己的信息告知同学，最后被追讨欠款的就成了自己。

（三）如何防范不良校园贷

1. 严密保管个人信息及证件

学生要注意保护好个人身份信息，不要随意泄露给第三人或在不明网站进行注册，一旦被心怀不轨者利用，就会造成个人声誉、利益损失，甚至有可能吃上官司。其后果不止是蒙受经济损失，不良借贷信息还有可能录入征信体系，影响将来购房、购车贷款。

2. 不轻易相信借贷广告

一些 P2P 网络借贷平台的虚假广告利诱大学生注册、贷款，文案上写着帮助解决学生在校学习和生活的困难，实际上，这样的高利贷、诱导贷款、提高授信额度极易导致学生陷入“连环贷”陷阱。

3. 要通过正规金融机构办理金融业务

在校学生要掌握基本的理财技能，学会使用各类金融工具，如确有正当消费需求，应通过正规金融机构办理相关金融业务，切不可轻信不法分子的诈骗诱饵，让不良校园贷钻空子。

4. 树立正确的消费观

大学生要充分认识网络不良借贷存在的隐患和风险，增强金融风险防范意识；树立理性科学的消费观，尽量不要在网络借款平台和分期购物平台贷款和购物，养成艰苦朴素、勤俭节约的优秀品质；要积极学习金融和网络安全知识，远离不良网贷行为。

课后练习

1. 如果遇到车祸事故，你怎么处理？
2. 如何避免掉入传销陷阱？
3. 校园不良贷的常见手法有哪些？

第八章　心理健康教育

【案例导入】

小刘，男，20 岁，某大三学生。该生自述从小性格内向，不善言辞甚至是笨嘴拙舌，家中有一个弟弟却非常外向灵活，特别能说会道，他很羡慕弟弟。自己平时几乎不开口说话，怕自己说错话得罪人，甚至有时候别人问他话也经常不回答。在大学期间朋友特别少，只跟自己同宿舍的同学接触较多，大三了自己班上还有几个同学不认识，与女生更是没有接触。小刘内心感到非常孤独、苦闷，觉得自己就像是行尸走肉，不知道自己存在的意义是什么。

第一节　心理健康解读

一、大学生心理健康的意义

心理健康，是大学生心理健康教育的最终目的，而心理健康对大学生成才是至关重要的，其重要性，从以下几个方面可以体现。

(一) 心理健康是正确认识自己的前提

“认识自己”是古希腊的一句至理名言，它凝聚着人类的伟大智慧，人类漫长的历史过程中，无不充满着对自我的探索。大学生尚未完全成熟、定型，在思想上、观念上、行动上都有着极大的可塑性。因此，只有正确地认识自己、了解自己，才能扬长避短，把自己塑造成为理想中的人。心理健康的人，能客观地评价自己，并且悦纳自己，既不妄自菲薄，又不目空一切。他们从现实的角度出发，把握自己的行为，从而使行为与环境相适应。

而有心理障碍的人，则总是以歪曲的观念看待自己与环境，要么自卑而多疑，要么抑郁而敏感，把自己放在一个不恰当的位置，以不恰当的方式评价自己和与他人的关系，缺乏自知之明，这就使自己的心理永远无法平衡，也就不可能正确认识自己。

(二) 心理健康是自我确立的条件

自我确立，就是树立自己独立的需要结构与价值观，是告别不成熟走向成熟的一个重要标志。现代社会变化迅猛，价值观趋向多元化，这就更增加了自我确立的难度。一个人如果长期处于未确立状态，就会陷入一种心理上的混乱，这对于人格的进一步成长是极为不利的。心理健康的人，由于能正确地认识自己，知道自己的优势与不足，所以能有效地从纷繁的环境中吸取对自己有用的信息，及时调整自己的认识，比较顺利地确立自己的价值观。而这种价值观，又将作为心理的决定因素，支配着大学生对事物的看法、想法和行动。

(三) 心理健康是生活适应的基础

相关研究表明，大学生一进入高校，首先面临的就是生活适应问题。而且，在此后的几年大学生活以及将来走向社会的过程中，随时都有可能会遇到生活适应问题。适应能力与学业成绩并不是一致的，它不是指现有的具体知识、技术如何，适应不仅与能力有关，而且与更广泛意义上的个性有极大关系。适应性不是固定不变的，它具有灵活性，并能充分地开发。大学生能否迅速适应大学环境，很大程度上取决于他的心理素质如何。心理素质好的同学，能随着环境的变化，进行自我调整，在新的环境中找到自己的朋友，建立新的友谊，开拓新的生活空间，产生新的归属感和稳定感。可见，生活适应表现于生活的方方面面，对个人有着极大的影响，是大学生走向成功的基础。

(四) 心理健康是学业的保证

不可否认，成才的一个重要标准是专业领域里的出色表现。大学生是同龄人中的优秀群体，他们的智力潜能是较高的。然而如何发挥这种潜能，如何尽快地适应大学的学习方法，如何多方面地猎取知识、博采众长，如何使自己的认识能力、思维能力有一个质的飞跃，这些都与心理素质好坏息息相关。心理上健康的人，有顽强的意志品质，能富有成效地工作；有良好的思维习惯，能正确对待暂时的失败与挫折。所有的这些，都为学业上的成功提供了必要条件。而心理素质差的人，即使智商很高，聪明过人，却终日被自己的心理问题所困扰，不能正确地对待和处理所面临的困难，要么不能迅速适应自己的新角色，要么不能承受一时的挫折和打击，因而往往不能持久而有效地学习，获得最终的成功。

(五) 心理健康是实现良好的社会交往的重要因素

社会发展到今天，个人的成功越发离不开群体。要想有所成就，不和他人交流几乎是不可能的。因此，社会交往显示出越来越重要的作用，有了良好的人际环境，不仅可以使自己心情舒畅，高效率地学习、研究，而且能有效地与他人交流信息，吸取他人所长，开拓自己的视野，转换考虑问题的角度，从别人那里得到有益的启迪。同时，科学的高速发展，对管理人才提出了更高的要求，经营管理这类“软人才”，越来越成为社会需求的热点。而所谓管理实际上就是社会交往过程。心理健康的人，最重要的一个特征就是能建立良好的人际关系，能接受他人，善于与人相处，能与集体融为一体，能与他人相互沟通和交往。作为领导，能建立良好的上下级关系、同级关系，调动成员的积极性。由此可见，无论将来从事什么工作，良好的社会交往能力是必不可少的素质，而培养健康的心理，可以帮助大学生有效地达到这一点。

二、大学生的心理特点

(一) 心理成熟度和生理成熟度不一致

在人的发展过程中，不同年龄阶段有着不同的心理特征。绝大多数大学生都处于青年期，在这个阶段，大学生个人的生理发育已经基本完成，已经具备了成年人的体格及种种生理功能，而其心理尚未成熟。对大学生而言，所面临的一个重要任务就是促使心理日益成熟，成为一个心智健全的成年人。

(二) 自我意识增强与认知能力发展的不协调

自我意识是人对自身的认识及对周围事物关系的各种体验。它是认识、情感、意志的综合体，是人心理发展过程中一个极为重要的方面。青少年时期是自我意识发展最快的时期。大学生所处的年龄阶段及所具备的文化水平，决定了他们不再像中学生那样眼光向外，对外界事物感兴趣，急于去了解世界，把握外部环境，急于显示自己的独立，想做环境的主人；而是目光向内，注重对自己的体察和分析，把自我分化为主体的我和客体的我，理想的我和现实的我，注重内省，注重探求自己微妙的内心世界，力图理解自己的情感、心理变化，自觉地从各方面了解自己，塑造自己的形象，设计自我的模式。大学校园这种特殊的环境，又是十分强调独立，注重自我确立的地方，允许大学生在较大程度上按自己的方式安排自己的生活，有一种宽容的自由的氛围；同时，由于大学生所处的独特的社会层次及较高的文化素质，他们对社会上的事有其独特的见解，他们看问题的视野较一般人可能有所不同，有一种以天下为己任的心愿和抱负。一方面他们关心社会发展，这种关心是抛开切身利益，以大视角来进行的，注重的是整个社会的提高与进步。他们热衷于参与社会活动，对社会舆论愿意独立思考；另一方面，由于生活阅历有限，社会实践能力不强，他们在谈论、评价、思考社会问题时，往往带上幻想的色彩，不能切合实际。他们对事物的认识，表现出一定的片面性和不成熟，还不能深入、准确、全面地认识问题。这种不足，与他们极强的自我意识不相协调，这种不协调可能会一直困扰着他们。这是大学生十分重要的一个心理特点。

(三) 情感丰富而不稳定

大学生是正在成长的青年，是一个极其敏感的群体，其内心体验极其细腻微妙，对于与自身有关的事物往往体察得细致入微。随着文化层次的进一步提高、生活空间的进一步扩大，他们的思维空间急剧延伸，必将导致其情感越来越丰富而深刻。

人的情绪情感是与需要和价值观相联系的。由于大学生心理内部的需要结构发生变化，大学生的追求有其独特性，而他们的价值观尚不平衡、不稳定，时常处于波动、迷茫、抉择之中，其心理成熟又落后于生理成熟，导致大学生的情感不稳定，情绪变化起伏较大，易受环境变化的影响。大学生学业、生活、人际关系等方面的问题都可能引起情绪的波动，包括偏激、冲动等，情绪冲突也比较多。

(四) 性意识明朗化但不善于处理异性之间的关系

对青年来说，性意识更是影响心理健康的重要方面。大学生处于青年期，生理发育已基本完成，所以性意识的明朗化与进一步发展都是正常的。一方面，性意识的发展带来强烈的按照性别特征来塑造个性和形象的精神向往，每个大学生都会在心里产生一种愿望，即成为什么样的男子、女子；另一方面，性意识的发展也带来了对异性的倾慕与追求，这是每一个青春萌动的大学生都会遭遇的。但大学生还不善于处理与异性之间的关系，或者他们的经济地位及心理成熟度还不足以应付这种问题，造成愿望和现实相矛盾的情况，从而带来种种烦恼与不安。这是大学生成长过程中的一个敏感问题，也是大学生十分突出的心理特点之一。

(五) 进入社会的愿望迫切

为了接受系统、严格的专业训练，大学生的校园生活时间很长，这使得他们与社会有一定的距离。也正因为如此，他们渴望进入社会。这种迫切的进入社会的愿望与大学生正在形成的价值观相互作用，是将来他们走向社会的重要心理依据。这一心理特点支配、指导着大学生的学习态度，从而对大学时代的生活质量产生重要的影响。

三、大学生常见的心理健康问题

（一）适应问题

学校环境对大学生有着极为重要的影响。对于绝大多数的新生来说，他们面临的是陌生的校园，生疏而又关系密切的新的群体。大学的集体生活，既改变了原来的生活方式又不同于原来所熟识的人际环境。这些会使每个大学生产生不同程度的应激反应，使他们内心或多或少感到惶惶不安。这种因不适应大学生活环境而出现的不安、苦闷和孤独感，在那些应变能力较差的学生身上表现得更为突出。

（二）学业问题

大学生的学习目的、学习方式、学习内容等都有别于中学生。因此，在适应大学学习环境的过程中，可能会出现各种各样如动机、兴趣、方法、用脑等问题。此外，角色地位的改变，也是每个大学生所要面临的。在中学里，教师时刻围着学生转，对学生的学习问题、学习方法高度关注，可以随时加以辅导、指点。而进入大学学习之后，学生的主体地位更加凸现，更多地依靠自己主动学习、钻研。如果对这种现实不能正确地接受和对待，逃避或否认现实，就会引发心理问题。

（三）人际关系问题

比起中学生，大学生的人际交往更为复杂，更为广泛，独立性更强，更具社会性。大学生们开始尝试独立的人际交往，并试图发展这方面的能力。而且，交往能力越来越成为大学生心目中衡量个人能力的一项重要标准。然而，并不是每个大学生都能处理好人际关系。在这一过程中，有相当数量的人会产生各种问题。认知、情绪及人格因素，都影响着人际关系的建立，一旦某一个体在这一过程中受挫，就可能表现为自我否定而陷入苦闷与焦虑之中，或因企图对抗而陷入困境，并由此产生心理问题。

（四）恋爱与性意识困扰问题

从个体的生理年龄发展阶段来看，大学生处于青年中期，正是开始恋爱的时候。但是，由于大学生所处的特殊环境，恋爱与性的问题都不容易处理好。由于性生理逐渐发育成熟，大学生会受到性意识的困扰，并且能体验到性的压抑。这些困扰，通常只带来一般程度的不安和躁动，但如果达到严重程度，就会产生心理问题。此外，对性知识、性行为的不恰当的认识和理解，也会造成诸多心理压力，从而进一步发展为心理问题。有的大学生把失恋看成是极为严重的生活事件，这会使他们在情绪、自我评价、人际交往、学习、生活等各个方面受到打击和干扰，由此引发诸多心理问题。

(五) 情绪与发展问题

大学生作为同龄人中的佼佼者，容易把未来想象得过于完美，而现实社会中的各种客观条件，会妨碍“理想自我”的实现，对客观事实认识不足，就会引起认知上的矛盾，从而严重影响大学生的心理状态。有的大学生在客观现实面前，能调整自身的认识，重新树立起自己的人生目标，使之符合客观现实的要求；而有些大学生则企图逃避与现实的矛盾冲突，通过玩乐、放纵的方式来麻痹自己的心灵，或出现消沉、颓废、苦闷、抑郁等心态，甚至出现自杀的念头。

在追求发展自我的过程中，如果没能达到期望的目标，或者对自我有不正确的认识，害怕暴露自己的弱点而采取某种防御性的心态，过多独处，很少与他人交流，也会出现各种行为、情绪等问题。

第二节 心理健康的标准

一、心理健康的概念

健康，既是人们熟悉而关切的话题，也是一个永恒而丰富的概念。健康是每个大学生都期望的，然而，什么是心理健康，用什么标准来衡量却又是值得探讨的问题。

(一) 对健康概念的理解

心理健康是健康的组成部分，因此在理解心理健康之前，先解读一下健康的含义是十分必要的。早在20世纪30年代，美国健康教育家鲍尔和霍尔就给健康下过一个较完整的定义：“健康是人们在身体、心情和精神方面都自觉良好、精力充沛的一种状态。其基础在于机体一切器官组织机能正常，并掌握和实行适应物质、精神环境和健康生活的科学规律。”1947年，世界卫生组织(WHO)在《成立宪章》中指出：“健康乃是一种身体的、心理的和社会适应的健全状态，而不仅仅是没有疾病或虚弱现象。”1990年，世界卫生组织将健康定义为四个方面：一是躯体健康，就是生理健康。二是心理健康，就是人格完整，自我感觉良好，情绪稳定，积极情绪多于消极情绪、有较好的自控力，能保持心理上的平衡，自尊、自爱、自信、有自知之明等。三是社会适应健康，就是自己的各种生理、心理活动和行为，能适应复杂的环境变化，为他人所理解接受，使自己在各种环境中有充分的安全感，能保持正常的人际关系，能受到他人的欢迎和信任，对未来有明确的生活目标，能切合实际地在各种社会环境下不断进取，有理想和事业上的追求。四是道德健康，就是不以损害他人的利益来满足自己的需要，有辨别真伪、善恶、美丑、荣辱、是非的能力，能按照社会公认的道德准则来约束、支配自己的言行，愿为人们的幸福做贡献。这是目前为止人类对健康的定义最全面、最完整、最权威的观点，也是本书所接纳的观点。

（二）心理健康的定义

对于心理健康有许多定义。我们认为，心理健康是指生活在一定社会环境中的个体在高级神经功能和智力正常的情况下，情绪稳定，行为适度，具有协调人际关系和适应环境的能力，以及在本身及环境条件许可的范围内所能达到的心理最佳功能状态。

心理健康按其程度可以划分为三种状态：一是正常状态，简称常态。个体具有正常人的遗传素质、生理条件，又生长在一个正常的环境中，生活中没有大的起伏和挫折，因此心理遵循着正常人的轨迹发展，个体的常态行为与其价值观、道德水平和人格特征相一致，这是一种心理健康状态。二是不平衡状态，简称为偏态。指个体心理处于焦虑、恐惧、压抑、担忧、矛盾、应激等状态。一旦个体处于不平衡状态，则会首先通过“心理防御机制”来进行自我调节。如果无效，就需借助他人疏导，使之消除不平衡，恢复正常状态。三是不健康状态，简称变态，包括神经症、人格障碍、性心理障碍、精神分裂症等。这时需要进行心理咨询或到医疗部门求助心理治疗和药物治疗。

二、心理健康的标准

作为一个大学生，要了解自己的健康必须参考一定的标准。心理健康可以用哪些标准来衡量呢？对于这个问题，心理学家由于所站角度不同，有许多不同的观点。目前，在我国公认的标准主要有以下几条。

(1) 自我意识正确。心理健康的人能体会到自己的存在价值，既能了解自己，又能接受自己，有自知之明。即对自己的能力、性格和优缺点都能作出恰当的、客观的评价，对自己不会提出苛刻的、非分的期望与要求，对自己的生活和理想也能定得切合实际，因而对自己总是满意的，对自己无法补救的缺陷，也能泰然处之。

(2) 环境适应能力良好。对环境的适应能力是人赖以生存的最基本的条件，“适者生存”是生物进化的普遍规律。在人的一生中，内外环境是不断变化的，有的变化还很大，这就要求人们对各种变化作出相应的适应性反应，对变动着的环境能否适应，是心理是否健康的重要标准。有的人适应能力较差，环境一改变，就紧张、焦虑、失眠，有的人则适应能力良好，很快就能随遇而安。

(3) 情绪稳定、乐观。情绪的健康程度也是衡量心理健康的重要标准。许多心理障得、心理疾病都是首先由情绪所引起的。那么，大学生具有怎样的情绪才算是健康的情绪呢？

一般来说：① 愉快的情绪多于不愉快的情绪，积极情绪多于消极情绪。也就是说，在生活和学习中，作为一个情绪健康的大学生，喜、乐多于哀、怒，积极良好的心境占主导地位，表现为乐观向上，富有朝气，自信心强，能自得其乐，对生活和事业充满希望。② 善于控制和调节自己的情绪，能使自己的情绪稳定在某种积极的水平上，做情绪的主人，而不是情绪的奴隶，绝不会让某种消极情绪“才下眉头，又上心头”，真正做到喜而不狂、忧而不伤、胜而不骄、败而不馁。③ 情绪反应适度。这种适度包括两个方面：一是情绪状态与情绪相符，即当喜则喜，当怒则怒；二是情绪反应的强度与引起这种反应的情绪相符。

(4) 意志品质健全。健全的意志品质表现为意志的目的性、果断性、坚韧性、自制性。在学习、训练等任务中不畏困难和挫折，知难而上，持之以恒；需要做出决定时，毫不犹豫、当机立断；能够为了达到目的而控制一时的感情冲动，约束自己的言行。

(5) 个性结构完整。心理健康的人的个性特征是有机统一的、稳定的。如果知道一个人具有某些个性特征，一般就可预见他在某种情况下，将会怎样行动。如果一个人的行为表现不是一贯的、统一的，则说明他可能存在心理健康问题。

(6) 心理行为表现符合年龄特征。人的一生要经历不同的年龄阶段，如婴儿期、幼儿期、童年期、青年期与成年期等，每个时期的心理和行为都有其典型的特点。处于不同年龄阶段的人应具有相应的行为表现。大学生是一个处于青年期的社会群体，他们的认识、情感、言行、举止应该具有与其年龄相应的心理特征，如精力充沛、朝气蓬勃、勤学好问、反应敏捷、喜欢探索等。反之，暮气沉沉、思维迟钝、懒于探索，则与大学生的年龄特征不相符，此时很有可能心理与行为方面存在障碍或问题，是心理不健康的表现。

(7) 人际关系和谐。人际关系是心理健康的一个重要指标。和谐的人际关系不仅是大学生心理健康的重要内容和标准，而且是大学生拥有健康心理的重要条件。和谐的人际关系表现在：能够以尊重、信任、友爱、宽容、理解的态度与人相处；能分享、接受、给予爱和友谊；能与他人同心协力，合作共事，乐于助人；有稳定的人际关系，拥有可信赖的朋友，社会支持系统强而有力。

第三节　心理健康的维护

(一) 掌握一定的心理健康知识

大学生已经开始走向成熟，自我意识已基本建立，对他们来说，最重要的教育是自我教育。因此，每个大学生都应增强心理健康意识，了解心理健康知识。

(二) 建立合理的生活秩序

许多大学生是第一次离家独立生活，一时间似乎得到了许多“自由”。不过，如果滥用这种“自由”，不顾自己的身体状况和生理节奏，都会导致身体和精神损伤。因此，尽快地建立合理的生活秩序乃当务之急。这需要注意以下几点：

(1) 学习负担适量。大学生的主要任务是学习，因此大学生的学习应有一定的压力。这种压力对心理健康发展及学业的完成是必要的，但不能过分。许多新生入学容易出现两种倾向：一是觉得大学校园有更多的自由，没有老师家长过多的干涉和束缚，于是终日玩乐、不思进取；二是不太适应大学的学习方式，面对家庭寄予的厚望，面对社会的就业压力，产生高度焦虑，导致自己在学习上疲于被动应付。这两种不良倾向，最终都可能导致学业上的挫折，带来苦恼及自我否认等心理问题。

(2) 生活节奏合理，有张有弛。大学校园生活是丰富多彩的，这为合理安排生活节奏，积极参加多种多样的文体活动提供了十分有利的外在条件。参加课外活动既可调剂紧张的学习生活，又可开阔视野，广交朋友，发掘自己各方面的潜力，增加与他人相处的经验，从而经常体验到愉悦的感觉。这种平稳的积极状态，能使大学生充分发挥其潜在的能力，增强自信，提高学习效率，得到最佳适应效果。

(3) 注意保护大脑。大脑是心理活动最重要的物质基础。大脑受到损伤，心理健康就无从谈起。过度的疲劳、紧张，或长时间的高度兴奋、强烈刺激，都会引起脑力衰竭。大学生千万不能图一时之快，而忽视用脑卫生。

(三) 保持健康的情绪

情绪对于心理健康来说，是至关重要的。稳定而良好的情绪状态，使人心情开朗，轻松安定，精力充沛，对生活充满信心。相反，如果一个人情绪不稳，患得患失，喜怒无常，处于不良的情绪状态中，而自己又不会调节和控制，就会导致心理失衡和心理危机，甚至神经错乱。大学生情感丰富而冲动，就更应学会保持健康的情绪。

保持健康的情绪，首先应学会合理宣泄，找到充分表达自己情绪的方法，既不要压抑自己，也不要放纵自己。每个大学生都应意识到，任何一种情绪，都是由一定原因引起的。正视这种原因，接受这种情绪，并把它适当地表达出来，这会有益于健康，长期压抑情绪对心理健康是有害的。其次，对于消极情绪，要学会几种自我疏导、自我排解的方式。在忧郁的时候，找知心朋友或亲人倾诉，使不良情绪得以发泄，压抑的心境就可能得到缓解，甚至大哭一场也不失为一种调整机体平衡的方式。并且在倾诉郁闷的过程中，还可能获得更多的情感支持和理解，获得认识和解决问题的新思路，增强克服困难的信心。也可以用转移的方法，对一件令人沮丧的事，总去注意它就会限制自己的思维，使自己越发低沉。

这时，不妨将自己的注意中心转移到别的事物中去，去看看电影，听听音乐，这便可使忧闷得到排解。还有一种很好的调节方法就是幽默，幽默能使紧张的精神放松，摆脱窘困的场面，消除身心的某些痛苦，调节和保持心理健康。

(四) 建立良好的人际关系，学会去爱

建立良好而真诚的人际关系，是非常重要的心理保健途径。和谐的人际关系，可以增加自信、互相理解，减少心理上的不适感，实现心理平衡。健康的心理是需要丰富的营养的，最重要的营养就是爱。爱不是抽象的，它有着十分丰富的内涵，除了大家通常意义上的男女爱情之外，诸如眷恋、关怀、惦念、安慰、鼓励、帮助、理解等，都归属爱的范畴，而这些都可以从良好的人际关系得到，反过来，又可以使人际关系更为和谐。而且，去关心他人，理解他人，又能促使自己拥有博大的胸怀，从而大大增加生活、学习、工作的信心和力量，最大限度地减少心理应激和心理危机感。这是人们维护和保持心理健康的最基本、最重要的因素之一。

另外，在交往的过程中应意识到，现实生活中的每一个人都不可能是完美无缺的，因此，对他人要有一种宽容的态度，不要期望过高。对他人期望太高，往往会产生失望感，其结果是使自己的心理平衡受到干扰，对自己造成更大的不良影响。

(五) 树立切合实际的奋斗目标

每个人都有成功的欲望。但客观地讲，每个人的能力都有一定的限度，都具有优势和劣势两个方面。一个心理健康的人，能够对自己的能力做出客观的评价，并依此付诸社会实践。因此，不必对自己过分的苛求，应把奋斗目标确定在自己力所能及的范围内，使自己通过艰苦的努力，能最终实现这一目标，成功的体验，对于维持心理健康是极为重要的。与此相反，如果不自量力，仅凭良好的愿望和热情，盲目地制定宏伟的目标，结果往住是目标落空，个人心理蒙受打击，产生挫折体验，不仅白白耗费了精力，也给自信心和心境造成不良影响，而且还会影响到今后的进一步发展。

此外，树立切合实际的目标，还包括不盲目地与人竞争，以避免过度的紧张。大学生处于青年阶段，青年人在一起容易出现争强好胜、相互攀比的现象。然而，正如前面所指出的，每个人的精力是有限的，优势各异，如果处处与人争，不可避免地会受到一些挫折、失败。而且，处处竞争，会使自己终日生活在紧张状态之中，心理上承受过大的压力，这对心理健康极为不利。因此，每位大学生应根据自己的实际情况，选择竞争的领域。这样，一方面有利于充分发挥自己的优势，获得成功；另一方面，也有助于身心健康的发展。

(六) 学会自我娱乐

一个人如果能注意培养和发展自己的业余爱好，进行许多方面的自我娱乐活动，就可以在寂寞孤独、烦闷忧郁时通过自我娱乐来缓解心境的压抑，这对心理健康是极有好处的。人不可能总是在工作和学习，在业余时间，积极开展娱乐活动，做到积极的放松和休整，才能使自己得到真正的身心保健，并使自己更有效地从事工作和学习。因此，每个大学生在大学阶段，都有必要依据自己的性格特点和条件，注意培养和发展一些兴趣和业余爱好，学会自我娱乐，这对维护自身的心理健康是十分有益的。

课 后 练 习

1. 大学生常见的心理健康问题有哪些？
2. 心理健康的标准是什么？
3. 从哪几个方面来维护大学生的心理健康？

第九章　人际交往教育

【案例导入】

小黄，某大学三年级学生，与宿舍的同学一直相处不好，这使他非常困惑。以下是他的独白：我认为自己的性格是中等偏内向的。原来还不觉得什么，自从进入大学以后，我发现性格缺陷确实对我的生活和学习有比较严重的影响，尤其是和别人比较之后。我们宿舍六个人，其他人性格都比较外向，一个比一个会说话。因而在宿舍里，我总是处于默默无闻的状态。他们在聊天或调侃时，我经常没有太多说话的份儿，往往只是听，偶尔插一两句，而且他们也并不在乎我是否参与其中。我感觉他们之间的交流很自然、很流畅，而我与他们之中某些人交流就显得特别生疏，有时根本不像是在一个宿舍住了两年的人。一直以来，我心里总有一个声音在呼喊："我也想在我们宿舍有自己的声音。甚至不光是和宿舍的同学，和班上的同学，和其他人也一样。"

第一节　人际交往概述

一、人际交往的概念

人际交往也称为社会交往，是指人与人之间通过一定的方式进行接触，从而在心理上和行为上发生相互影响的沟通过程，它包括动态和静态两个方面的含义。动态的含义是指人与人之间物质和非物质的相互作用过程，即狭义的人际交往；静态的含义指人与人之间通过动态的相互作用建立起来的情感联系，即人际关系。人际关系是在人们交往之中形成的，它使人在交往中获得社会性。人际交往可以使人在交往中找到一份慰藉，寻求一份乐趣，享受一份快感，达到一份和谐。通过人际交往，可以达到建立关系、培植友情、化解矛盾、寻求理解和支持、促进沟通、搜集信息等目的。

二、大学生人际交往的意义

(1) 人际交往有利于大学生尽早社会化。

每个人的社会化进程都是在人际交往中进行的，人际交往是社会化的起点，人际关系是人们生存和发展的条件。良好的人际关系有助于大学生获得更丰富的信息，保持与社会的密切联系，明确和承担自己的社会责任，从而为将来全面进入社会做好储备。

(2) 人际交往有利于完善大学生的自我认识。

歌德说过："人只有在社会之中才能认识自己。"人对自己的认识总是在与他人交往中完成的，总是需要通过与他人进行比较，把自己的形象反射出来而加以认识。大学生在与他人的交往中通过他人对自己的行为肯定或否定的评价，来形成对自己的认识，从而调整自己的行事方式，逐渐走向成熟。

(3) 人际交往有利于大学生的心理健康。

人的健康是生理健康和心理健康的统一，这是现代健康的根本性标志。心理健康是一种持续的、积极的心理状态，是大学生必备的素质之一，也是大学生更好地适应社会、发展自我、完善自我的重要条件和保证。良好的人际交往有助于大学生肯定我价值、促进身心健康发展。

(4) 人际交往有利于大学生获取新信息。

大学生在人际交往、沟通的过程中，都在自觉或不自觉地传递、接受着来自不同载体的知识和信息。大学生在交往中应很好地利用和把握这一特点，不断拓宽自己的知识面，丰富自己的人文内涵，相互学习，相互补充，使自己成为一个全面发展的人。

三、大学生人际交往的过程及规律

人际交往是一个由浅入深、由表及里的渐进发展的过程。从开始建立交往到双方情感深入发展，直至建立良好的人际关系，一般要经历相互觉察、表面接触、关系建立、亲密互惠四个阶段。

(1) 相互觉察阶段。

相互觉察阶段是确立交往对象的心理过程。当我们产生某种交往的心理需求时，会把注意力优先集中到具有能满足我们心理需要的某些特征的人身上，并通过初步接触判断其是否可以作为交往和建立人际关系的对象。这一阶段是双方交往的初始阶段，交往的形式具有正式交往的特征，尚未全面投入，接触中涉及的都是表面信息，其目的是对对方获得一个初步的了解。

(2) 表面接触阶段。

表面接触阶段是在进一步的接触中双方寻找共同的心理领域，形成情感联系的过程。

交往双方在相互觉察的基础上通过正式交流的形式彼此留下了初步印象，开始尝试建立情感联系。在沟通的过程中逐渐扩展着彼此之间的共同心理领域，加深彼此的情感联系。

(3) 关系建立阶段。

关系建立阶段是交往双方在建立信任感的基础上，具有较深情感卷入的交往过程。由于彼此之间已经建立信任感和安全感，因而在交往中自我暴露的深度和广度增加。当对方暴露自己的隐秘性领域时，双方都能主动地从对方利益着想，真诚地、毫无保留地提出自己的看法。

(4) 亲密互惠阶段。

亲密互惠阶段是情感交流进一步稳定和深化的过程。在这一阶段，交往双方心理上的相容性进一步增加，彼此之间建立了稳固的信任关系，允许对方进入自己高度隐秘的个人领域，分享自己的幸福，并愿意分担对方的痛苦。

在现实生活中，人与人之间的交往深度是一个渐进的发展过程，可以停滞在整个过程的任何一个阶段，有的还可能因为某种原因使交往关系由深到浅，甚至反目成仇。在实际交往过程中，很少有人能够真正达到亲密互惠阶段。大学生作为高等学校人际交往的主体，其人际交往发展到什么水平、达到什么程度，建立的人际关系是否协调、和谐与持久，与双方的人际吸引、交往技巧、文明礼仪等都有着密切的关系。

第二节　大学生人际交往的特点

校园生活可以说是既单调又丰富、既枯燥又浪漫的“三点一线”式。大学生的人际交往就是在这个特定的环境中展开的。

大学生人际交往作为一种社会现象，具有自己显著的特点，即交往双方行为主体性和行为互动性。在人际交往中，交往双方在影响他人的同时也是在接受他人的影响，即使在单向交往中也是如此。但是，大学生交往在具有人际交往基本特点的同时，尚具有其独有的特点。

(一) 交往需求迫切

当代大学生一般都经历过高考的筛选，普遍有一种“身经百战，力压群芳”的优越感。他们在中学时代学习较好，受到老师的赞扬、父母的爱和同龄人的羡慕，然而一进入大学，面对五湖四海的同龄人，他们顿时发现，大家都是时代的骄子，都是家庭的“宠儿”，顿时有一种在“群英荟萃”的大学校园里被淹没的感觉。面对远离父母、远离家乡的陌生的环境、陌生的同学、陌生的老师，有的学生便不知所措。同时，大学生的思想活跃，精力充沛，兴趣广泛，活泼好动，使他们对社会交往的需要比成人更为迫切，他们力图通过交往去拓宽视野，获得友谊，满足自己物质上和精神上的各种需要。

(二) 交往以同龄人为主

大学生的年龄普遍都在 18～22 岁，尽管他们来自不同的地区，有着不同的口音、家庭和社会背景，但他们的目标是相同的——学习知识、提高素质、健康成才。因此，在这个特殊的校园环境中，朝夕相处的集体生活、众多的交往机会、相似的人生经历、共同的学习任务，使得大学生的人际交往对象也具有鲜明的特色。大学生在交往中更多地选择同宿舍、同班级、同乡的同学，并围绕学习、娱乐、思想交流、感情沟通而展开。

(三) 交往动机复杂化

处于青春期的大学生，学习知识是他们的主要目标，功名利禄对他们来说也许还为时尚早，或是因太遥远而可望不可即，以功利为目的的交往明显少于社会其他群体。大学生禀性的纯真，使他们在交往中具有较多的情感输出，交往动机以情感性因素居多，他们注意情趣相投，满足交往双方的精神需要，这在新生中尤为突出。但是，随着学校招生、就业、教学体制的变化，大学生的社会价值观也随之发生变化，交往动机从比较单一的情感需要扩展到生活、发展、成才、就业等多种需要并重，逐渐趋向复杂化。

(四) 交往的自主性增强

进入大学后，大学生由于远离父母、远离家庭，自主交往由期盼变成了现实。大学生可以逐渐以自己的兴趣爱好来导向自己，以独立自主的方式来应对一切，以自己的观点来为人处世、待人接物。自主性的增强，使大学生的学习生活、人际交往与高中阶段相比发生了巨大的变化，其交往范围从宿舍、班级、院系、学校扩展到社会，交往对象从同学、老乡、老师扩展到社会各阶层，形成了一个纵横交错的网络结构。

第三节　建立和谐的人际关系

一、大学生人际交往的原则

作为特殊群体的大学新生，在人际关系的类型上存在业缘型、心理需求型、地域型、志趣型等，但不管属于哪种类型，在人际交往中都需要遵循以下原则。

(1) 尊重原则。尊重原则体现在尊重而不苛求他人。在人际关系处理中，技巧虽然是重要的，但最关键的是要懂得尊重他人。承认各人有各人的生活习惯和价值体系，尊重彼此的空间、习惯、隐私等，将会为良好的人际关系打下基础。尊重也表现在不苛求他人与自己的想法或自己的行为方式一致，只要个人的行为不妨碍社会的健康发展，不妨碍他人的生活，它就有存在的权利，任何人没有权利也不能消除这种差异。每个人都不可能企望自己得到所有人的肯定和喜欢，也不可能与所有人都成为朋友。遇到与自己不同的要学习尊重这种不同，但也不要在交往中苛求自己一味迁就别人而丢了自己的个性，这是一个"度"的把握，"和而不同"是我们人际交往中的一个原则。

(2) 诚信原则。欺骗和隐瞒可能会赢得一时友谊，但在时间的考验中，一旦真相被对方发现，这种不诚信对友谊的伤害是致命的。

(3) 宽容原则。大学生在非原则性问题上，不必斤斤计较，如果没有宽容和大度的胸怀容忍他人的小毛病，那么就无法和他人很好地交往。但要注意的是，宽容不代表不分是非，只是对事不对人，宽容更不是软弱，而是自信和涵养的表现。

(4) 互惠原则。互惠指在交往中使双方都有利可获，包括精神、物质等各方面。社会交换论告诉我们，人与人之间的交往，本质上是一种社会交换的过程，尽管这不同于市场的物质交往，但所遵循的原则是一样的。作为大学生，我们则更多地强调精神上的互惠。

二、大学生人际交往的方法

(1) 换位思考。换位思考对建立良好的人际关系很重要，经常站在对方的角度去理解和处理问题，一切就会变得简单多了。一般而言，善于交往的人，往往善于发现他人的价值，懂得"你要别人怎样对待你，你就得怎样对待别人"，懂得"己所不欲，勿施于人"，懂得"得到朋友的最好办法是使自己成为别人的朋友"。

(2) 学习主动。与同学交往中，建议做到三主动：主动与同学打招呼，主动与同学沟通和主动帮助别人。在帮助别人的时候，不要过于计较别人能不能、会不会报答你。心理学家们发现，以帮助与相互帮助开端的人际关系，不仅容易确立良好的第一印象，而且人与人之间的心理距离可以迅速缩短，使良好的人际关系迅速建立起来。日常生活中的患难之交正说明了这一点。

(3) 善用赞扬和批评。心理学家认为，赞扬能释放一个人身上的能量，调动人的积极性，而与赞扬相反的是批评，不到不得已时，最好不要自作聪明地批评别人。如果批评是不可避免的，则应学习批评的艺术，这是维护人际关系的重要策略。卡内基总结的批评的艺术是很值得借鉴的：批评从称赞和诚挚感谢入手；批评前先提到自己的错误；用暗示的方式提醒他人注意自己的错误；领导者应以启发而不是命令来提醒别人的错误，给别人保留面子。

一般情况下，应多用赞扬，少用批评，因为批评是负性刺激，直接的批评或责怪会使人的自尊心和自我价值感受损，面子上感到难堪。有时候只要稍稍改变一下方法，注意做到用意善良、符合事实、方法得当，变直接批评责怪为间接的暗示和提醒，就能产生积极的效果，并且能促进对方的进步，达到纠正的效果，这就是所谓的“坏话好说”的艺术。批评时应注意场合与环境，应对事不对人，就现在的一件事来讨论，而不是将以前的旧事重新都翻出来，措词与态度应是友好的、真诚的。

(4) 勇于承认自己的错误。勇于承认错误是人际关系的润滑剂，当人际关系产生障碍的时候，承认自己的错误是明智之举。虽然承认自己的错误是一种自我否定，但是，承认错误会使自己产生道德感的满足；另外，承认自己的错误是责任感的表现，对他人也具有心理感召力，人际僵局会因此被打破。

三、人际交往中的文明礼仪

良好的人际交往必须具备相应的文明礼仪。文明礼仪是一种行为规范，它不是人生下来就会说、会用的，而是通过长期的教育、训练和培养形成的一种文明素养。作为大学生，更不能忽视对文明素养的训练和培养。社交中的礼仪是人们在社会生活中处理人际关系并约束自己行为以示尊重他人的准则。社交中的常见礼仪如下：

(1) 守时。守时不仅是大学生在人际交往中应遵守的礼节，也是每个人应具备的素质。参加各种活动或开会，应按约定的时间到达，一般提前 5 分钟为宜。如因故迟到，应及时表示歉意；如因故不能参加，应提前通知或请假。

(2) 尊重老人和妇女。在公共场所和社交场所，上下楼、上下车辆、进出电梯，要让老人和妇女先行，主动予以照顾。乘公共汽车，应主动为老人、孕妇、抱小孩的人让座。

(3) 举止得当。要求举止落落大方，端庄稳重，表情自然诚恳，和蔼可亲。站立时，身子不歪靠一旁，不半坐在桌子或椅背上；坐时腿不摇、脚不跷；坐在沙发上不要摆出懒散的姿态。在公共场所不要趴在桌上、躺在沙发上；走路脚步要轻，遇急事可加快步伐，不要慌张奔跑；两人行走不搭肩膀，多人行路不要有意无意排成队形；谈话时，手势不要过多，不要放声大笑或高声喊人；在教室、宿舍的楼道等公共场所及晚上熄灯之后应保持安静，不要高声喧哗，以免影响他人学习和休息。

(4) 亲切问候。问候是非正式交谈，通常没有特定的意思，但它是交往中不可缺少的。它可以使不相识的人相互认识，不熟悉的人相互熟悉，使相识的人增进情感，使熟悉的人更加亲近。在学校中常用的问候语是“你好”“早安”“早上好”“晚上好”“老师好”“晚安”等。平时，同学之间用点头微笑代替言语也是一种友好的表示。同学之间、同学与老师之间，礼貌问候也是不可缺少的。但是有一部分学生却忽视这些礼节，同学相遇时冷眼相对，犹如路人；遇见老师，要么视而不见，要么低头不理，这都是不礼貌的行为。

(5) 礼貌通报。到他人住宅或同学宿舍或办公室拜访、办事前，一定要有礼貌地通报，有门铃时按一短声，无门铃就礼貌敲门，不可透过缝隙窥探有没有人在，不可在门口高声呼叫；门虚掩或开着，也应敲一两声再说“我可以进来吗？”。

(6) 正确称呼。在比较正式的场合，称呼是否得体，直接影响到交往的愉快与融洽与否。作为学生与他人见面，对不相识的学生，可称“同学”；对其他工作人员或长者，均可称“老师”。称呼语有尊称和泛称之分，应随说话的场合及说话者之间相互关系的变化而变化。在社交场合中，应当避免不恰当的称呼语，这是大学生尤其应当注意的。① 应避免使用粗鄙的贬称。如称男性老年人“老头儿”“老头子”等。② 应避免使用“的”字结构称呼语。如“办证的”等。③ 应避免使用叹词打招呼。如用“嘛”“喂”等。

(7) 尊重风俗习惯。各民族有其特殊的风俗习惯和礼节，交往中都应多加了解并给予尊重。到一个陌生地方参加活动或外出旅游，应多了解、多观察，不懂或不会做的事，可仿效别人，做到入乡随俗，以免闹出误会和笑话或引起不必要的矛盾和纠纷。现在很多院校面向全国招生，学生来自五湖四海，风俗习惯各不相同，因此我们要学会尊重他人的风俗习惯，不可一切都按自己的意愿做事，甚至讥笑别人的风俗习惯。

(8) 学会道歉。人际交往中，相互之间难免发生矛盾，出现失误或过失、过错，此时需要及时道歉。诚心道歉可使大事化小，小事化了，甚至化干戈为玉帛，不但可以弥补破裂了的关系，而且还可以增进感情。具体可以从以下几点着手：一是应该道歉的时候就马上道歉，耽搁越久就越难以启齿，有时甚至追悔莫及。二是如果觉得道歉的话说不出口，可以用别的方式来代替。一束鲜花、一个小礼物等方式都可以冰释前嫌。三是书面道歉。如口头致歉还不够，可用书面道歉，以表达诚挚的歉意。四是给对方发泄不满的机会，让对方将怒气发泄出来，一吐为快，这也是挽回友谊的好办法。五是夸大自己的过错，使对方不得不原谅。六是赞美对方宽容大度。大多数人在受到赞美之后，都会不自觉地改变自己的态度。

(9) 掌握拒绝的艺术。在交往中，不论是同学之间，还是异性朋友之间，不可能时时事事都一致。如果在观念或行为上不能一致，就应委婉、幽默表示地拒绝。一是用沉默表示。当别人问“你喜欢刘德华吗？”如果你不喜欢，就可以不回答或一笑置之，别人即会明白。二是用拖延表示。一位男生想和你约会。他在电话里问你：“今天晚上八点钟去看电影，好吗？”你可以回答：“明天再说吧，到时候我给你去电话。”三是用推脱表示。一位同学想找你陪她上街，你可以说：“对不起，我还要参加一个活动，改天行吗？”四是用回避表示。你的朋友请你去看了一部拙劣的枪战片，走出影院后，朋友问：“你觉得这部片子怎么样？”你可以委婉地回答：“我更喜欢生活类的片子。”五是用反话表示。你和同学一起谈论学习，同学关心地问：“你是否认为英语太难？”你可以回答：“那么你认为不太难吗？”六是用外交辞令。“无可奉告”是外交场合不想回答或不愿回答问题时的一句搪塞语。生活中，当我们暂时无法说“是”与“不是”时，也可用这句话来回答。

(10) 讲究电话文明。电话沟通时，由于彼此不见面，不能获得对方表情、动作、仪表所传达的可视信息，因此说话的语气、语调在电话沟通中的作用更大。打电话应注意以下几点。一是时间恰当。打电话的时间和电话交谈所持续的时间都应适当。除了紧急要事之外，一般不在早上七点以前、午休时间和晚上十点半以后打电话。如有急事，非在这个时间打电话不可，必须多说一句“这么早给你打电话，失礼了”“这么晚打电话，实在对不起”等礼貌用语。电话交谈所持续的时间，一般以3～5分钟为宜。二是语言礼貌、得体。语言是电话交谈的唯一信息载体，语言得体则是电话礼仪的重要内容，不仅要坚持用“您好”开头，“请”字在中，“谢谢”结尾，更重要的是必须控制语气语调。语调过高、语气过重，会使人感到尖刻、严厉、生硬、冷淡、刚而不柔；语气太轻、语调太低，则会使人感到无精打采、有气无力。三是接打电话应避免以下不礼貌的情况出现：自己什么都不说，只是一味地询问对方叫什么名字，是哪个单位的等问题；接电话时拿起话筒就问“你找谁”，或反问“你是谁”，要对方“猜猜我是谁”，对着话筒大喊大叫；受话方没有放下电话自己就先挂断电话。四是恰当使用手机。手机的携带使用，不仅应遵守电话礼仪，还应当注意一些特殊规范。在参加会见、会谈、会议、上课、观看演出或电影时，应转为来电振动方式或关机。如急需在公众场所使用，向周围人致歉后，应起身离开，找一个不影响他人的地方，对话声音应尽可能小，只要对方能听见就行。

四、大学生人际关系类型及对应方法

大学生主要的人际交往主要是与室友、同学、朋友、恋人和同事(兼职、实习)之间，如何正确处理好人际关系，关系到大学生人际交往的范围和深度。下面我们将从不同类型谈谈人际关系处理的方法。

(一) 与室友交往

宿舍是学生共同生活的场所，学生在校期间有三分之二的时间都是在寝室里度过的，所以寝室关系处理得好坏直接关系到大学生人际交往状况和学习情况。

(1) 宿舍环境。宿舍是大家共同生活的场所，一个整洁、美观、舒适，充满生活情趣的生活环境，需要宿舍同学共同设计和维护。事实上，大学宿舍的很多矛盾正是源于宿舍同学在宿舍卫生、作息时间、生活习惯等方面的不一致。宿舍可以从两部分加以美化：宿舍公共部分和个人小天地部分。公共部分一般以窗帘、墙纸、花卉、盆景、书画、工艺品等装饰为主，该部分确定了寝室的基调；个人小天地的美化要突出个人的生活情趣，可以用图片、手工艺品、玩偶、小型字画来美化。个人小天地的美化要与寝室的美化相协调，不要因为强调自己的个性或懒惰而破坏和谐美。此外，每一位同学都要积极参与宿舍卫生的打扫和宿舍环境的维护。

(2) 宿舍言行。生活在宿舍群体环境中，每个人都应保持和营造一种和谐融洽的人际关系，这样才有利于宿舍关系的长远发展。处理好宿舍关系，要求宿舍成员都做到语言优美、举止高雅、彬彬有礼、严守纪律、爱护公物、豁达大度。有的同学语言粗俗野蛮，稍不满意便出口不逊，轻则讽刺、挖苦，重则辱骂；有的同学喜欢给别人起外号、开玩笑；有的同学在其他同学已就寝时依然大声打电话、大声摔门、搬动物品等，这些细节都会成为宿舍矛盾的导火索。

(3) 宿舍礼仪。同学们同居一室，习性各异，要互相尊重，以礼相待，努力营造一个心情舒畅、生动活泼、温暖和谐的集体，并遵守宿舍的公共秩序和规范。室友相处要有谦让精神，尊重对方的兴趣爱好，不以自己的喜恶标准去指责同学，不我行我素、使性子。同居一室要有互相帮助的精神，如同学生病或生活上遇到困难时，应主动给予恰当得体的帮助。当自己的朋友或家长来校时，不宜在宿舍久留，不要影响宿舍其他同学的学习和休息；当别人的家长来校时，要主动热情地接待。当宿舍发生矛盾时，要心平气和地讨论，主动劝解；对他人的缺点进行善意批评，对别人的批评也应虚心接受。

(二) 与同学交往

学校是个大家庭，同学们来自全国各地，家庭环境不同，各自的脾气、性格、兴趣、爱好也不相同。大家天天学习、生活在一起，相互交往频繁，要想友好相处，就必须讲究交往的礼仪。

同学交往要遵循以下“三要三忌”的原则：要真诚相待；要言必信、行必果；要尊重他人；忌口无遮拦；忌玩笑过度；忌随便发怒。

(1) 同学间的见面与招呼。同学见面要主动打招呼，可直呼姓名，也可以是小名、昵称，但不适宜用外号。打招呼时要面带微笑，正视对方，动作文雅。遇到他人与自己打招呼时，要停下脚步，认真回应。如遇见同学休假返校，要询问家庭情况和身体情况。如得知某天是某同学生日，记得送上生日祝福。同学取得成绩，要真诚表示祝贺，遭遇挫折或不幸，要给予开导和鼓励。

(2) 同学间的致谢与道歉。如果同学为你提供了帮助，付出了时间、精力或劳动，都要表示真诚的感谢，致谢的方式有很多，如口头致谢、电话致谢、书面致谢，以及由他人转达谢意等。同学间如果偶尔产生了摩擦、碰撞，要心平气和地解决问题，表示道歉的礼貌用语有“对不起”“很抱歉，请原谅”“这是我的错，真过意不去”“请多包涵”等，道歉时态度要诚恳。

(3) 同学间的交谈礼仪。与同学交谈要以平等为原则，不盛气凌人，也不要装腔作势。评论人、事时要有根据，不可信口开河。叙述往事时要有顺序，不可颠三倒四。交谈中要注意观察对方的兴趣、情绪等，适时中断和改变话题，他人发言时不要轻易打断对方。与同学交谈时，要内容健康、实事求是，不挑拨是非、不引起矛盾，不伤人自尊。

(4) 同学间借用财物。同学们离家住校，远离父母，相互间借财物是互相帮助，是友情的表现，但如果不重礼仪，很可能产生矛盾。因此，要慎重对待财物问题，如需借用，要先得到物主允许，并且要爱惜物品，及时归还，并表示感谢。如果不能及时归还物品，应征得允许；如有损坏，照价赔偿。与物主不太熟悉时，尽量不借物品；不借物主的贵重物品和心爱物品；向同学借钱时要说明原因、数量、归还时间。

(三) 与异性交往

异性包括异性朋友和异性恋人，前者较多为社交关系，后者则以亲密关系为主导。正确对待两性交往，不仅有助于树立正确的人生观、恋爱观，而且能促进两人关系的长久稳定与和谐。

1. 异性朋友交往

男女同学同在一个学校，同处一个班级，这是时代文明的进步，在相处时应做到平等对待、互相尊重，反对言行随便、举止轻浮等不文明行为。

注意言谈举止。态度端正，言语客气平和，不轻浮，不讲粗话，不评头论足，不起绰号；讲究仪态，举止大方得体，不忸怩作态，不做不雅动作，如掏耳朵、伸懒腰等。郑重交往，与异性同学交谈应选择公开场合，一起旅游、逛公园、看电影、逛商场等，不要单独行动，以免造成不必要的误会。

互相尊重。如异性同学表露对你的好感时，要以恰当的方式表达自己的态度，或欣然接受或委婉拒绝，无论接受与否，都不要伤害对方的自尊心，并应保守秘密。

行为儒雅。男女同学一起工作时，男生应主动帮助女生；遇到脏乱和危险工作时，男生要积极主动照顾和保护女生；上下车时应让女生先上、先坐。

2. 异性恋人交往

大学校园谈恋爱的人不在少数，大学生应该树立正确的恋爱观，培养健康的恋爱心理与行为，只有这样才能让爱情往正确的方向发展。

(1) 要树立正确的恋爱观。首先，恋人的首要标准是志同道合，双方思想品德、事业理想和生活情趣大体一致。其次，要摆正爱情与学业的关系，大学生应该把学业放在首位，不要把宝贵的时间都浪费在谈情说爱上。最后，要懂得爱情是相互理解、相互信任的，彼此理解可以营造一种轻松欢乐的氛围，相互信任则是获得崇高爱情的基础。

(2) 要发展健康的恋爱行为。首先，男女双方要注意言谈文雅，行为大方，交谈诚恳、坦率、自然，不装腔作势，不出言不逊，不闲言碎语，不让对方自尊心受伤害。其次，要善于控制感情，多谈学习、工作，一起追求共同进步，恋爱举止要在社会规范、校纪校规范围内进行。最后，在公众场合要注意以正确的行为表达恋爱情感。

(3) 培养爱的能力和责任。首先，要有爱的能力，大学生应懂得爱是什么，知道自己喜欢什么、需要什么、适合什么；如果心中有了爱，要敢于表达、善于表达；当别人向你表达爱意时，要能够准确地对爱的信息作出判断，坦然作出选择，能承受求爱或拒绝求爱所引起的心理扰乱。其次，要有拒绝爱的能力，遇到自己不愿或不值得接受的爱要有勇气拒绝，拒绝时注意使用恰当的方式，既珍重每一份真挚的感情，也尊重他人。最后，要发展爱的能力，培养无私的品格和奉献精神，要培养善于处理矛盾的能力，以便有效地化解和消除纷争。

(4) 承受爱情受挫的可能。大学生恋爱受多种因素制约，过程难免有波折，当爱情受挫后，要用理智来驾驭感情，通过理性分析原因，总结经验教训，并以适当的调节方式来减轻痛苦；同时，在新的追求中确认和实现自己的价值，从而提高自己的心理承受能力和思想水平。

(四) 与朋友交往

朋友是人际关系中甚为重要的交际对象，在交往过程中要注意以下原则。

(1) 倾听朋友的诉说。作为朋友，要学会倾听。当朋友遭遇挫折、碰上烦恼时，如果你能够真诚、耐心地倾听对方的诉说，就是为对方打开了情绪的发泄口。在朋友诉说的过程中，不仅需要耐心倾听，还应不时地真诚安慰对方，或为朋友出点子、想办法，这样友情才会与日俱增。

(2) 朋友也要分亲疏。但凡成为朋友者，有的是趣味、性格相投，有的是抱负、爱好相仿，有的是文化层次相近，有的是人格清高、心灵相通等。无论哪种类型的朋友，经过一段时间的交往都应有所选择，有亲有疏，有的朋友情感真挚，可以真诚深交；有的朋友是出于某种目的投向你，这样的朋友应当保持距离。

(3) 在朋友需要时到场。面对鱼龙混杂的社会，谁也不能保证自己万事不求人。当朋友遇到难处时，应该及时到场提供帮助，这样在自己遇到困难时，才会有朋友伸出援手。

(4) 正确把握友情与爱情。男女双方都应清楚友情和爱情的区别，友情只是男女之间的一种友好往来，而爱情却需要双方负起责任，具有专一性。

(5) 朋友之间也要说“不”。朋友之间有事相托是正常的，但当朋友相托之事超出了你的能力范围或违背你的主观意愿时，应当果断说“不”。向朋友说“不”的方法很多，可以耐心劝阻，说明利害关系；可以根据实际情况作出说明，让朋友理解你的难处；可以婉转拒绝，然后寻找其他方法帮助完成朋友委托之事。

(6) 给朋友留有自由的空间。你和朋友往往都有各自的交际圈，因而你要允许朋友跟与你意见不合的人交往，并对此保留宽容态度，不可将朋友的交际半径局限在你的空间内。

(7) 不要单纯追求功利性交往。朋友间的交往除了有事互相帮助外，还有思想交流、情感抚慰等作用，如果一味讲求功利，朋友关系是不会长久的。

课 后 练 习

1. 人际交往的过程是什么样的？
2. 大学生人际交往的特点是什么？
3. 与同学交往时，要做到的“三要三忌”原则是指什么？

第十章　消费与网络教育

【案例导入】

大二学生小丽，听信网上所说的“包治百病”，不惜贷款和网络分期付款，购买了名牌包，以满足自己的虚荣心。大一学生小王，过于追求最新款限量发售的球鞋。有一款在学生圈中受到追捧的阿迪达斯椰子鞋，官网上的售价高达4000元，为了能抢到这款鞋，小王编造理由，对家长撒谎要钱，只为了达到攀比、炫耀的目的。

第一节　树立健康的消费观

进入大学标志着大学生们进入独立消费的时期，将有极大的消费自主性。但大学生的社会经验不足，消费观容易产生偏颇，因此，在培养大学生智商、情商的同时也要培养大学生的理财能力，培养大学生独立消费的能力。

一、大学生消费的基本情况

(一) 基本生活消费

大学生的基本生活消费划分为高、中、低三个档次。对于大部分学生而言，就餐消费已经超越了温饱的范畴，生活用品也超越了基本使用的范围，学生每月在食堂吃饭的费用通常在500元左右，约占学生消费总支出的40%。值得注意的是，学生在食堂外聚餐的费用与日俱增，外卖和校外就餐开销少则十元，多则几百元，麦当劳、必胜客等环境优雅、服务良好的餐厅，成为了学生们最喜欢去的地方。许多学生长期点外卖，一些餐馆甚至针对学生推出“学生×折优惠”的促销手段，吸引学生客流量。

(二) 学习消费

学习消费包含了学费、书本费、考试考证费用、电脑消费等。学费根据学制不同和专业不同等有所差别；书本费除了包括基本的专业教材费用外，还包括各种考试书籍的花费。随着就业竞争的日趋激烈，“考证热”在大学兴起，不少学生对于考证高度重视，而考证也需要一定的费用。电脑费用也是大学生日常生活学习必不可少的一笔开销。

(三) 休闲娱乐消费

大学生课余时间的娱乐休闲主要以即时娱乐为主，其中看电影、KTV、骑行、短途游和看演唱会依次排名前五。互联网、朋友推荐、电视和校园广告是他们获取娱乐信息的主要途径。随着家庭经济水平的提高，学生们通常选择假期外出旅游，旅游费是一笔不小的开支。多屏时代，大学生的娱乐需求可以更多地通过网络视频内容来满足，会员充值成为学生视频付费的主要消费内容。

(四) 人际交往消费

人际交往消费在大学生消费中也占一定比例。在大学生中，如果碰上生日、考试得高分、评了先进等，都会成为吃喝的理由。吃喝一次少则几十，多则上百。大学生中的请客送礼有如“拉锯”，讲究“礼尚往来”。部分大学生的恋爱消费同样不可小觑，为了维持或保鲜恋爱关系，大学生不得不多出一项开支。大学生用于追求浪漫的费用还是较多的。

二、大学生消费的特征

大学生消费的特征主要包括：

(1) 大学生的消费行为具有冲动性、从众性、示范性。大多数在校大学生对日常的消费开支没有一个明确的规划，通常很容易受周围环境的影响发生购买行为，如受到室友的鼓动、商场促销氛围的影响、周围同学的口碑营销等。同时，由于网络与智能移动终端的普及，网上的一些促销信息、产品的宣传广告都会促使同学们进行冲动性消费。

(2) 大学生的消费能力有限。大学生都还处在一个相当尴尬的年龄段，他们有追求时尚、个性、潮流的内心，却没有承担这些消费的能力。绝大部分大学生的生活费是靠父母供给的，所以大学生的购买能力是有度的，或者说是比较有限的。

(3) 在消费内容和消费方式上性别差异明显。女生日常开支主要用在购买零食、化妆品、衣服等上面，而男生的消费大多数花在电子产品、游戏、体育产品等上面。女生一般感性因素占比较多，很容易发生冲动性消费，但是男生更理性，发生冲动性消费的概率也会小一些。同时，不同性格、不同地域、不同家庭背景的学生的购买行为也有很大区别。

三、树立健康的消费观

可从以下三个方面让大学生树立健康的消费观：

(1) 家庭要积极营造健康的消费文化环境。

家庭中父母的日常生活消费态度是子女效仿的模板，家庭消费观念对大学生消费心理有潜移默化的影响，在给予大学生消费自主权的同时，要对大学生进行积极有效的引导。

(2) 学校对引导大学生树立正确的消费观念和实施正确的消费行为起主导作用。

学校要加强基本国情教育，提倡适度消费，加强艰苦奋斗、勤俭节约教育，促进良好的校园消费文化的形成。另外可开设相关理财课程和讲座，提高大学生的理财能力。各高校应加强超前消费的风险意识教育和消费道德教育，在校园内形成良好的环境，帮助大学生合理、适度消费，形成科学、正确的消费观。在学生自制力有限的情况下，给他们以正确的引导，为他们提供一个理性消费的氛围。

(3) 大学生要提高自我意识消费技巧。

大学生应培养正确的消费观，养成良好的消费习惯。大学生应该变被动消费为主动消费，合理地、有计划地进行消费。学生应当把精力更多地集中在学业上，不必过分追求物质享受，学会对超前消费说“不”，自觉增强和完善自我意识水平。自我意识水平的提高有利于客观地自我评价，加强自我调节和自我控制。大学生应提高文化底蕴，提高知识水平、认知能力和审美能力，抵御不良消费观念的影响；确定合理的消费期望，作有头脑的消费者；自觉学习一定的商品知识和消费技巧，积累消费经验，提高自己的财商。

第二节　形成良好的网络习惯

网络是信息的海洋。它不仅是人们表现自我的空间，更是人们在学习、工作、生活中获取各种信息和进行交流沟通的工具。网络的能量是巨大的，它带领人类进入一个崭新的时代，它既能给人们带来无限的财富，也能诱使人们掉进痛苦的深渊。

如何引导大学生合理运用网络资源，树立健康的上网理念已经成为当前高校学生工作面临的重要课题。了解大学生网络使用情况以及网络对大学生生活的影响，积极探讨大学生使用网络带来的问题及应对措施和方法，其目的在于倡导大学生合理使用网络资源，养成健康上网的行为习惯。

一、大学生与网络

(一) 大学生使用网络的目的

在校大学生上网的主要目的是娱乐，只有约三分之一的学生利用网络进行学习。这让人对大学生的网络使用情况感到担忧——娱乐会不会占据学生大部分的时间？大学生上网关注的信息最多的是关于朋友、家人日常，从这里可以看出当代大学生对亲情关系、朋友关系的重视。其次关注时政新闻、生活资讯和学习知识的人数也很多，关注娱乐八卦的人较少。由此可以推断出大学生对于网络的使用有一定的自主判断，在娱乐的同时也会利用网络关注社会时事，丰富自己的见识。

(二) 大学生使用网络的时间及地点

在校大学生半数以上使用社交软件的时间是有一定限度的(考虑有的课程需要使用手机，将健康使用标准线定为五小时)。随着网络的发展，便捷的、缤纷多彩的网络世界吸引着越来越多的人沉迷其中。大学生为了开阔眼界应该多接触互联网，这就意味着社会与学校需要更加重视大学生精神层面的发展，使大学生在有效地利用互联网资源的同时，不迷失在纷扰的网络世界里。寝室是大学生最主要的生活地点，使用网络的时间最多。教室是老师传授知识的地方，是最主要的学习场所，但除了一些需要使用手机的课程，在剩下的课程中，也有不少的学生在用手机上网。如何提高课堂的吸引力，使学生在课堂上不再玩手机，这是一个值得研究的问题。

(三) 使用网络给大学生带来的影响

在现代社会，网络已经成为社交的必需品，很多事情都需要利用网络来实现。在填写调查问卷时，对于“手机没电没网时是否会感到焦躁不安？”这个问题，半数以上的参与者选择了“是”。这是现代科技迅猛发展带来的问题，需要我们找出解决的办法。对于调查问卷中的“浏览不良网站对青少年的影响有多大？”这个问题，大多数人都选择了“因人而异，视情况而定”。科技的发展使得青少年很容易从网络上获取信息，但他们往往没有自控力，不能很好地面对错误信息。如果能够提前让青少年树立正确的思想，就能够避免许多不良后果。三分之一的大学生认为，社交网络在一定程度上给自己的生活带来了困扰。网络的普及与飞速发展，在给人们带来便利的同时，必然也会带来困扰，面对这些困扰，我们应积极寻找方法，扩大网络带来的好处，减少网络带来的弊端。

(四) 网络给大学生带来的便利与不便

利用社交网络进行交流非常便利，已经成为人们的普遍选择，和面对面交流一起成为当代大学生的主要交流方式。在这个信息爆炸的时代，我们应当把握好现实与虚拟世界之间的度，避免对网络产生过分依赖，更多地着眼于现实。绝大多数在校大学生都选择不屏蔽父母和亲人，这显示出大多数家长与孩子的关系十分融洽，孩子愿意将自己的生活分享给亲人。

二、网络的“双刃剑”作用

网络对大学生的影响具有“双刃剑”作用。

(一) 网络影响学生的世界观、人生观和价值观

网络为大学生展现了一个崭新而又神奇的世界，极大地开阔了他们的视野，给大学生的学习和生活带来新的便利和乐趣，使之更容易接受并形成一些积极向上的价值观念。对于大学生而言，由于世界观、人生观、价值观还未完全成熟定型，是非判断能力不强，辨别信息能力有限，容易受新奇、怪异东西的吸引和不良信息的影响。面对网上眼花缭乱、纷繁复杂的各类信息，相当多的大学生晕头转向、不知所措。大学生的价值标准与价值选择也面临更多严峻的考验，呈现出双重或多元价值标准并存的局面，造成价值选择迷惘和价值取向混乱。

(二) 网络影响学生心理

1. 网络依赖

在网络的虚拟世界中，网络所具有的隐匿性、开放性、自由性等特征，使得学生愿意通过网络实现现实生活中不能实现的东西，继而产生网络依赖。网络通常会让大学生感到比较“自由”，他们更愿意通过网络进行交流，网络的即时性和不受现实规范约束也激发了学生的上网兴趣。

2. 网络成瘾

当代大学生普遍对新鲜事物充满好奇心，易被虚拟网络世界吸引并逐渐成瘾。相当数量的大学生在余暇时间会选择室内上网，而不愿在户外从事积极的身体活动或体育锻炼。网络成瘾是一种精神疾病，成瘾者倾向于通过虚拟网络世界逃避现实生活压力。

3. 网络孤独

QQ、微信、BBS、交友平台等作为大学生人际交往、思想交流的主要手段，能够适当地舒缓个人的心理紧张，释放生活和学习带来的压力。但是如若沉迷其中不能自拔，会造成现实生活中人际交流困难，从而导致内心孤独。

4. 网络迷失

现实社会中每个人都扮演着不同的社会角色。在网络环境中，每个人的真实信息被掩蔽，因此容易缺乏社会责任感，造成个人逐渐失去对周围现实的感受力和积极参与能力，从而形成孤僻、冷漠的心理。

(三) 网络影响学生人际交往

大学生网络人际交往最显著的特点是虚拟性、自由性、平等性和开放性。其积极影响主要体现在：有利于扩大大学生的朋友圈，结识更多有相同价值观的朋友；有利于拓宽大学生获得信息的渠道，丰富对世界的认识；提高人际交往能力，让大学生更好地表达自己。

当然网络这把“双刃剑”也会带来人际交往的负面影响：不利于大学生在现实生活中形成良好的人际关系；容易使大学生在现实生活中丧失信任感；容易使大学生对现实的人际关系更加冷淡、疏远。

(四) 网络影响学生学习方式

社交网络不仅影响了大学生信息沟通、交流的方式，更重要的是它成为大学生获得知识、传播知识、共享知识的主要途径，成为大学生聚集和开展学习活动的公共空间。

大学生的网络好友以及朋友圈是大学生进行学习和情感交流的基础，好友的用户群及用户之间的社会关系(网络结构)直接影响大学生学习的广度。在社交网络中，好友之间既能通过群体行动共创知识，也能通过个体行动加工知识，知识创新随之产生了。

三、网络与“易班”

“易班”是集教育教学、生活服务、文化娱乐为一体的大学生网络互动示范社区，是运用信息化手段引导资源共享互助的可靠平台。易班具有网页和手机 APP 客户端两大线上平台，充分体现了它功能齐全又独具特色的一面，它不仅是一个宝贵的“资源库”，还是一个可以全面交流的学习社区。易班具备如下功能：

(一) 信息门户

易班直达学院网络信息中心，可以了解各类新闻动态、活动详情以及进行各类学生活动的报名工作。

(二) 群组功能

易班最主要的功能就是班级功能，该功能能促进同学们沟通交流，也能帮助辅导员管理整个班级。辅导员(管理员)可在群组发布事务通知、班级决策，还可以征求意见、寻求帮助、开展活动等。

(三) 我院易班

我院使用的校本化易班应用，包含了大数据迎新、公寓管理、公寓维修、素质学分、德育测评、校园相册、失物招领、权益维护、班务公开、校历、校园指南等十余项功能。

(1) 素质学分：在线查询管辖范围内学生的素质学分详情。

(2) 德育测评：在线查询管辖范围内学生的德育成绩详情。

(3) 公寓维修：在邮电易班校本化里面有公寓维修在线申请单，可申请公寓维修。

(4) 班务公开：辅导员可以将本班班务在班级群发表。

(5) 权益维护：维护学生在学校的权益。

(6) 失物招领：更加方便快捷并且集中地发布失物招领信息。

(7) 资助贷款：在线申请生源地续贷。

(8) 易班迎新：在线迎新系统，可填写个人信息，如军训服装尺码、来校方式、到校时间等。

四、正确运用网络

网络的利与弊同存共生、无法分离，既然无法将网络的弊端彻底割离开来，就应当顺势而为，帮助大学生认清这把“双刃剑”的利与弊，让大学生懂得如何在网络世界中趋利避害，通过正确使用网络更好地成长、成才。

(1) 接触高品位网络内容，拒绝精神污染。

现如今在各种网络平台中有许多有思想、有内涵、有知识、有文化的公众号，例如人民网、新华网、光明网、中国大学生在线、中国青年网、中国大学生就业、湖南教育网、青年湖南等，建议大学生多关注这些公众号，这样每天都可以接收到这些公众号推送的优质内容，及时吸收有益身心成长的精神食粮，拒绝精神污染。

(2) 把网络当成开阔眼界、班级建设的有效工具。

在完成好学校课程的基础上，大学生可以通过网络获取更多的知识内容，获取更多的学习资源，打开自己的眼界，丰富自己的学识。在我院《学生班级考核条例》考核办法中，宣传分占比 10%，包括广播稿、网络稿、黑板报等内容。其中班级广播稿每周不少于 3 篇，采用率不少于 1 篇，每少一篇扣 0.5 分，如有一周未交稿件，则扣 5 分；网络稿每月不少于 10 篇，每少一篇扣 0.5 分；同时按规定保质保量完成黑板报，未按时完成扣 10 分，质量不达标扣 2～5 分。因此，同学们可以积极撰写宣传文章，锻炼文笔的同时也能为班级百分赛贡献力量。

(3) 控制使用网络的时间，不要被网络裹挟。

我们在校园里处处可见“低头族”——在教室里低头看手机，走路时低头看手机，甚至和别人说话时也低头看手机，好像手机已经成为生活的中心。甚至有人说“没什么都可以，但不能没 WiFi”。有的学生沉迷网络游戏，有的学生热衷网络直播，有的学生狂追网络泡沫剧，网络在大学生的生活中所占据的时间越来越多，大学生对网络的依赖性也越来越强。大学生应控制使用网络的时间，不要被网络裹挟。

(4) 坚定爱国信念，成为一名中国好网民。

绝大部分大学生都是网络用户，在网络空间比较活跃。大学生作为国家精心培养的知识分子，理应积极保卫国家的网络阵地，维护国家的意识形态安全。《湖南邮电职业技术学院学生管理规定》校园秩序第六十四条规定：学生应当遵守国家和学校关于网络使用的有关规定，不得登录非法网站和传播非法文字、音频、视频资料等，不得编造或者传播虚假、有害信息；不得攻击、侵入他人计算机和移动通信网络系统。

课后练习

1. 大学生消费有哪些特征？
2. 为什么说网络是把“双刃剑”？
3. 如何正确使用网络？

第十一章　资助政策解读

【案例导入】

小满来自贫困家庭，高额的学费是借来的，作为家庭经济支柱的爷爷又患了癌症，这样的压力让不到18岁的小满难以承受。而与她同龄的同学们大都是被家里宠着长大的，生活中不懂得谦让照顾别人，还喜欢攀比，这使家境贫穷的小满感到自卑，从而想逃离这个环境。最终，她选择申请退学。

第一节　奖助学金资助政策

教育公平是社会公平的重要基础，促进教育公平是国家的基本教育政策。党和国家高度重视家庭经济困难学生的上学问题，近些年中央有关部门密集出台相关资助政策措施，已建立起覆盖学前教育至研究生教育的学生资助政策体系，从制度上保障不让一个学生因家庭经济困难而失学。本专科生教育阶段建立了含有国家奖学金、国家助学金、国家助学贷款、学费补偿贷款代偿、校内奖学金、校内助学金、勤工助学、困难补助、学费减免、“绿色通道”等多种形式的混合资助体系。

一、国家奖学金

本专科生国家奖学金，用于奖励特别优秀的全日制普通高校本专科(含高职、第二学士学位)在校生，每年奖励本专科学生5万名，每生每年8000元。

二、国家励志奖学金

国家励志奖学金用于奖励资助品学兼优、家庭经济困难的全日制普通高校本专科(含高职、第二学士学位)在校生。国家励志奖学金资助面约为全国全日制普通高校本专科(含高职、第二学士学位)在校学生总数的3%，每生每年5000元。同一学年内，国家励志奖学金和国家奖学金不能同时获得。

三、国家助学金

国家助学金用于资助家庭经济困难的全日制普通高校本专科(含高职、第二学士学位)学生。国家助学金资助面约为全国全日制普通高校本专科(含高职、第二学士学位)在校学生总数的20%，平均资助标准为每生每年3000元，可分设2～3档。

四、国家助学贷款

国家助学贷款是由政府主导，金融机构向高校家庭经济困难学生提供的不需要担保或抵押的信用助学贷款，帮助解决在校期间的学费和住宿费用，每学年贷款金额原则上不超过8000元，贷款期限最长不超过20年。国家助学贷款利率执行中国人民银行同期公布的同档次基准利率，不上浮。贷款学生在校期间的贷款利息全部由财政贴息，毕业后的利息由学生支付，并按约定偿还本金。家庭经济困难学生申请国家助学贷款有两种模式：一是校园地国家助学贷款，即通过就读学校向经办银行申请；二是生源地信用助学贷款，即通过户籍所在县(市、区)的学生资助管理机构提出申请(有的地区直接到相关金融机构申请)。

五、勤工助学

学校设置校内勤工助学岗位，并为学生提供校外勤工助学机会，家庭经济困难学生优先考虑。学生参加勤工助学原则上每周不超过8小时，每月不超过40小时，劳动报酬原则上不低于当地政府或有关部门制定的最低工资标准或居民最低生活保障标准。

六、绿色通道

全日制普通高校建立“绿色通道”，对被录取入学却无法缴纳学费的家庭经济困难新生，先办理入学手续，然后再根据学生实际情况，分别采取不同办法予以资助。

七、国家奖学金、国家励志奖学金、助学金管理办法

(一) 湖南邮电职业技术学院国家奖学金评审办法

为激励我院学生勤奋学习、努力进取，在德、智、体、美等方面得到全面发展，根据

财政部、教育部印发的《普通高校、高等职业学校国家奖学金管理办法》《国家奖学金评审办法》和《教育部办公厅关于进一步规范普通高校国家奖学金评审与材料填报工作的通知》(教财厅函〔2010〕16号)等文件要求，结合我院学生实际情况，特制定我院国家奖学金评审暂行办法，用于奖励学校全日制普通专科学生中特别优秀的学生。

第一条　奖励标准。

国家奖学金的奖励标准为每人每年8000元，具体标准及名额由上级有关部门确定。

第二条　评审条件。

(1) 热爱社会主义祖国，拥护中国共产党的领导。

(2) 遵守宪法和法律，遵守学校规章制度和大学生文明行为准则，全年无不良行为和违纪现象。

(3) 诚实守信，道德品质优良。

(4) 在校期间学习成绩优异，学习成绩或综合考评成绩排名在评选范围内位于前10%，且没有不及格科目。

(5) 社会实践、创新能力、综合素质等方面特别突出。对于学习成绩和综合考评成绩没有进入前10%，但达到前30%的学生，如在其他方面表现非常突出，可申请国家奖学金，但需提交详细的证明材料。其他方面表现非常突出是指在道德风尚、学术研究、学科竞赛、创新发明、社会实践、社会工作、体育竞赛、文艺比赛等某一方面表现特别优秀。

(6) 申请国家奖学金的学生为在校生中二年级以上(含二年级)的学生。

第三条　评审和发放。

(1) 学生处(学生资助管理中心)根据当年上级部门分配给我校的国家奖学金名额和各学院人数，按比例分配，学生向各学院提交国家奖学金申请书，填写申请表；各学院评奖评优领导小组根据评审条件进行审查，合格后报学生处(学生资助管理中心)。

(2) 学生处(学生资助管理中心)审定后，提出国家奖学金获奖学生名单，报学校奖学金评审委员会审批，并在校内进行不少于5个工作日的公示。

(3) 公示无异议后，学校按规定时间，将评审结果报教育厅，由教育厅报教育部审批。

(4) 学校按规定时间将国家奖学金一次性发放给获奖学生，颁发国家统一印制的奖励证书，并记入学生学籍档案。

第四条　组织领导和监督检查。

(1) 国家奖学金评审工作由学校奖学金评审委员会负责组织实施。学校奖学金评审委员会由学校党委书记担任主任，主管学生工作的副校长担任副主任，成员包括校党委办、学生处(团委)、教务处、财务处和纪检监察室负责人。

(2) 国家奖学金实行等额评审，坚持公开、公平、公正、择优的原则。

(3) 国家奖学金专款专用，及时发放给获奖的学生，不得截留、挪用和挤占，并接受财务、审计、纪检监察、主管机关等部门的检查和监督。

第五条　附则。

(1) 国家奖学金获得者不再列入学校每年一度的奖学金评选范围。

(2) 学生按学年向学校提出申请(每学年一次，符合条件的学生可连续申请)，在同一学年内，可以同时申请并获得国家助学金，但不能同时获得国家励志奖学金。

(3) 本办法由学生处负责解释。

(二) 湖南邮电职业技术学院国家励志奖学金管理办法

第一条　为加强我校国家励志奖学金的管理，规范国家励志奖学金的评审与发放，进一步做好我校奖学助学工作，激励家庭经济困难学生勤奋学习、努力进取，在德、智、体、美等方面得到全面发展，根据《普通本科高校、高等职业学校国家励志奖学金管理暂行办法》(财教〔2007〕91号)的有关要求，结合我院实际，制定本办法。

第二条　国家励志奖学金由中央和地方政府出资设立，用于奖励资助高校全日制专科学生中品学兼优的家庭经济困难学生。国家励志奖学金的奖励标准为每人每年5000元。

第三条　国家励志奖学金的基本申请条件：

(1) 热爱社会主义祖国，拥护中国共产党的领导；

(2) 自觉遵守宪法和法律，遵守学校各项规章制度，无违纪记录；

(3) 诚实守信，道德品质优良；

(4) 为二年级以上(含二年级)全日制在校生；

(5) 在校期间学习成绩优秀，社会实践、创新能力、综合素质等方面突出；

(6) 家庭经济困难，生活俭朴，经学校认定为困难学生的；

(7) 社会能力、工作能力较强，有一定的群众基础；

(8) 无其他不良嗜好和不适合该荣誉称号的表现。

第四条　国家励志奖学金每学年评审一次，根据上级主管部门下达的名额实行等额评审，坚持公开、公平、公正、择优的原则。

第五条　国家励志奖学金的评审程序：

(1) 家庭经济困难学生根据国家励志奖学金申请条件，每年按照学校当年通知的具体时间向学校申请国家励志奖学金，并递交《国家励志奖学金申请(审批)表》；

(2) 学校根据上级主管部门下达的国家励志奖学金名额，分配各学院具体名额；

(3) 各学院受理学生的申请材料，按照班级民主评议、校院审核公示的程序，按时向学校推荐候选人；

(4) 学校根据各学院的推荐，组织等额评审，每年按规定时间提出当年国家励志奖学金获奖学生建议名单，并在校内进行不少于5个工作日的公示，公示无异议后，报学校奖学金评审委员会研究审定，并将审定结果向全校师生公示；

(5) 公示结束后，学校按规定时间将评审结果上报省教育厅。

第六条　同一学年内，获得国家励志奖学金的家庭经济特别困难学生可以同时申请和获得国家助学金，但不能同时获得国家奖学金。

第七条　学校学生资助管理中心具体负责组织国家励志奖学金评审工作。

第八条　学校在收到上级部门拨付的当年国家励志奖学金后，应及时一次性发放给获奖学生，并记入学生学籍档案。

第九条　学校及各学院要切实加强管理，认真做好国家励志奖学金的评审和发放工作，确保国家励志奖学金真正用于资助品学兼优的家庭经济困难学生。

第十条　国家励志奖学金获奖学生应严格遵守国家励志奖学金的各项规定，严禁抽烟、喝酒、购买奢侈消费品等高消费行为，不许用国家励志奖学金请客，一经发现，学院将严肃处理。

第十一条　本办法由学院学生处负责解释。

(三) 湖南邮电职业技术学院国家助学金管理办法

第一条　为加强我院国家助学金的管理，规范国家助学金的评审与发放，进一步做好我院奖学助学工作，激励家庭经济困难学生勤奋学习、努力进取，在德、智、体、美等方面得到全面发展，根据《普通本科高校、高等职业学校国家助学金管理暂行办法》(财教〔2007〕92 号)的有关要求，结合我校实际，制定本办法。

第二条　国家助学金由中央、地方政府出资设立，用于资助高校全日制专科学生中品学兼优的家庭经济困难学生。

国家助学金主要资助家庭经济困难学生的生活费用开支。国家助学金分为三等，其中一等为每生每年 4000 元，二等为每生每年 3000 元，三等为每生每年 2000 元。

第三条　国家助学金的基本申请条件：

(1) 热爱社会主义祖国，拥护中国共产党的领导；

(2) 遵守宪法和法律，遵守学校各项规章制度，无违纪记录；

(3) 诚实守信，道德品质优良；

(4) 勤奋学习，积极上进；

(5) 家庭经济困难，生活俭朴，经学校认定为困难学生的。

第四条　国家助学金每学年评审一次，根据上级主管部门下达的名额实行等额评审，坚持公开、公平、公正的原则。

第五条　国家助学金的评审程序：

(1) 家庭经济困难学生根据国家助学金申请条件，每年按照学校当年通知的具体时间向学校申请国家助学金，并递交《国家助学金申请(审批)表》。

(2) 学校根据上级主管部门下达的助学金名额，分配至各学院。

(3) 我院评审工作小组受理班级提交的学生的申请材料，按照《湖南邮电职业技术学校家庭经济困难学生认定办法》的要求，按时向学校推荐候选人。

(4) 学生处(学生资助管理中心)根据各学院的推荐和建议，组织评审，每年按照规定时间提出当年国家助学金获奖学生建议名单及资助档次，并在校内进行不少于 5 个工作日的公示，公示无异议后，报学校国家助学金评审委员会领导小组集体研究审定，并将审定结果向全校师生公示。

(5) 公示结束后，学校按规定时间将评审结果上报省教育厅。

第六条　同一学年内，申请并获得国家助学金的家庭经济特别困难学生可以同时申请和获得国家奖学金或国家励志奖学金。

第七条　学校学生资助管理中心具体负责组织国家助学金评审工作。

第八条　学校在收到上级部门拨付的当年国家助学金后，应及时按要求发放给获助学生。

第九条　学校、学院要切实加强管理，认真做好国家助学金的评审和发放工作，确保国家助学金真正用于资助家庭经济困难学生。

第十条　学生获得国家助学金后，有下列情况之一者，应立即追回助学金，并进行批评教育，严重者给予纪律处分：

(1) 用所得款项请客吃喝，或发现以虚报家庭经济情况或其他弄虚作假手段取得国家助学金者；

(2) 酗酒、抽烟者；

(3) 触犯国家法律、法规或严重违反校纪校规受到纪律处分者。

第十一条　受学分警示的学生在未解除学分警示期间，休、停学学生在休、停学期间均不能享受国家助学金。

第十二条　本办法由学生处负责解释。

第二节　征兵入伍资助政策

一、资助对象

应征入伍义务服兵役及退役后自愿复学的高等学校学生，包括高校全日制普通专科(含高职)、本科、研究生、第二学士学位的毕业生、在校生和入学新生，以及成人高校招收的全日制普通专科(含高职)、本科的毕业生、在校生和入学新生。

二、资助标准

学费补偿、国家助学贷款代偿以及学费减免的标准为本专科生每生每年最高不超过8000 元。

三、申请、审批、发放流程

(一) 学费补偿、国家助学贷款代偿

(1) 应征报名的高校学生登录全国征兵网，按要求在线填写、打印“应征入伍服兵役高等学校学生国家教育资助申请表Ⅰ”(以下简称“申请表Ⅰ”)，在征兵报名时将“申请表Ⅰ”交至入伍所在地县级人民政府征兵办公室，学生被批准入伍后，县级征兵办对“申请表Ⅰ”加盖公章并返还学生，同时发放“入伍通知书”。

(2) 应征入伍获批的高校学生将“申请表Ⅰ”及“入伍通知书”复印件提交所就读的高校有关部门，高校相关部门对“申请表Ⅰ”中学生的资助资格、标准、金额等相关信息审核无误后，在“申请表Ⅰ”上加盖公章，并上报省、自治区学生资助管理中心。

(3) 经教育部审核后，教育厅应按照预算管理的有关规定将补偿、代偿经费下达高校。对于办理高校国家助学贷款的学生，由高校按照还款计划，一次性向银行偿还学生高校国家助学贷款本息，并将银行开具的偿还贷款票据交寄学生本人或其家长。偿还全部贷款后如有剩余资金，汇至学生指定的地址或账户。

对于在户籍所在县(市、区)办理了生源地信用助学贷款的学生，由高校根据学生签字的还款计划，将代偿资金一次性汇至学生指定的地址或账户。

(二) 学费减免

退役后自愿回校复学或入学的学生和退役后考入高校的入学新生，到高校报到后向高校一次性提出学费减免申请，填报《应征入伍服兵役高等学校学生国家教育资助申请表Ⅱ》并提交退役证书复印件。高校有关部门在收到申请材料后，及时对学生的申请资格进行审核。符合条件的，应及时办理学费减免手续。

四、补偿类别

(1) 应征入伍服义务兵役学费补偿、贷款代偿及学费减免。应征入伍服义务兵役的高等学校在校生及毕业生在校期间缴纳的学费或获得的国家助学贷款实施一次性补偿或代

偿，对退役后复学的高校在校生(含高校新生)实行学费减免。补偿、代偿金额根据学生在校期间每年实际缴纳的学费或获得的国家助学贷款确定，退役复学学费减免金额按照实际收取学费确定，每生每年均不高于8000元。

(2) 直招士官学费补偿、贷款代偿。对直接招收为士官的高等学校学生，入伍时对其在校期间缴纳的学费实行一次性补偿或对其获得的国家助学贷款实行代偿，补偿、代偿金额根据毕业生在校期间每年实际缴纳的学费或获得的国家助学贷款确定，每生每年不高于8000元。

(3) 退役士兵教育资助。对退役一年以上、考入全日制普通高等学校的自主就业退役士兵，给予教育资助。内容：一是学费资助；二是家庭经济困难退役士兵学生生活费资助；三是其他奖助学金资助。学费资助标准，按省级人民政府制定的学费标准，每学年每生最高不超过8000元。生活费及其他奖助学金资助标准，按国家现行高校学生资助政策的有关规定执行。

五、提交学费补偿、贷款代偿资料

(一) 应征入伍服义务兵役学费补偿、贷款代偿材料

(1) 填写“应征入伍服兵役高等学校学生国家教育资助申请表Ⅰ”(正反面打印2份；贴照片，加盖批准入伍征兵办公室公章)。

(2) 身份证复印件。

(3) 学信网下载的学籍证明(学籍状态栏为：保留学籍)。

(4) 入伍通知书复印件。

(5) 银行卡复印件(需为申请人本人的长沙银行卡；上交复印件时手写备注好开户行支行)。

(二) 毕业生应征入伍服义务兵役学费补偿贷款材料

(1) 应征入伍服兵役高等学校学生国家教育资助申请表Ⅰ(正反面打印2份；贴照片，加盖批准入伍征兵办公室公章)。

(2) 身份证复印件。

(3) 毕业证复印件。

(4) 学信网下载的学籍证明(学籍状态栏为：已毕业)。

(5) 入伍通知书复印件。

(6) 银行卡复印件(需为申请人本人的长沙银行卡；上交复印件时手写备注好开户行支行)。

(三) 退役复学学费减免材料

(1) 填写《应征入伍服兵役高等学校学生国家教育资助申请表Ⅱ》(打印 2 份；贴照片；加盖批准入伍征兵办公室公章)。

(2) 身份证复印件。

(3) 学信网下载的学籍证明(学籍状态栏为：注册学籍)。

(4) 退役证复印件。

(5) 银行卡复印件(需为申请人本人的长沙银行卡；上交复印件时手写备注好开户行支行)。

备注：直招士官所需材料与在校生和毕业生学费补偿所需材料一致。

课 后 练 习

1. 学习资助政策，针对奖助学金评审流程提出改进意见。
2. 提交参加学校勤工助学申请表。

第三部分　职业素质提升

第十二章　职业生涯规划

【案例导入】

某学院电子商务专业2020届毕业生小A，在校期间经常去图书馆自习，成绩处于中等水平，平时独自来往，不爱参加班级活动。

小A最初的打算是一心一意参加专升本考试，可是没考上，于是他选择了找工作。由于之前一直在备考，错过了招聘的“黄金期”，再加上没有任何工作实践经验，就很难找工作了。最初，小A应聘到了长沙一家大型连锁超市做销售工作，由于工作辛苦，自身对于销售也不感兴趣，于是工作了一个星期后他选择了辞职。此后，他看到主播这个工作待遇相对较高，又开始关注传媒公司的工作机会，但是后来又放弃了这一目标。根据他的说法，主播这个行业对外貌和语言表达有很高的要求，不适合自己。于是小A又开始努力找工作，在网上不断地投简历，就这样忙碌了两个星期，几乎每天去单位参加面试，但最终没有任何回音。

看到身边的同学都有了稳定的就业岗位，小A对未来感到非常迷茫，不知所措。

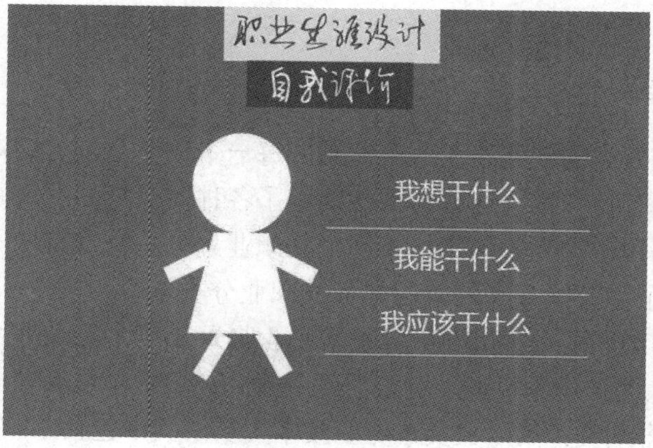

自我评价

结合案例，说说小 A 主要存在什么问题，该怎么对小 A 进行帮助？

一、学习目标

通过对本章职业生涯规划的学习，学生能够理解职业和职业生涯规划的基本概念，认识职业生涯规划的重要性，明确职业生涯的提升方式和途径，不断明晰自己的职业方向和目标。职业生涯规划指导学生结合自身的兴趣爱好、性格特点、特长优势，通过分析行业环境，制订提升计划和行动方法，帮助学生不断地认知自我、认知岗位、认知行业，做好职业定位，顺利成就自我。

二、理论阐述

(一) 职业的含义

根据中国职业规划师协会的定义，职业＝职能＋行业。而从词义学角度看，“职业”一词是由“职”和“业”构成。“职”是指职位、职责，“业”是指从事的行业、事业。根据《中华人民共和国职业分类大典》，职业的定义是：职业是指从业人员为获取主要生活来源而从事的社会性工作类别。总体来说，“职业”就是参与社会分工，利用专门的知识和技能，为社会创造物质财富和精神财富，获取合理报酬，作为物质生活来源，并满足精神需求的工作。在现代社会，职业不仅是人们的谋生手段，更是人们寻求自我发展的必要条件，是展现个人才能和实现自我价值的舞台。我们在衡量一项活动是否为职业时，有四个主要因素：一是被用来谋生；二是具有群体性，它不是个别的行为，而是一群人的行为；三是规范性，在法律、道德规范内要遵守一定的规矩；四是具有周期性，每一种职业有它产生、发展和消亡的周期。

(二) 职业分类的概念

社会分工是职业分类的依据。在分工体系的每一个环节上，劳动对象、劳动工具以及劳动的支出形式都各有特殊性，这种特殊性决定了各种职业之间的区别。当今世界各国都十分重视职业分类工作，世界各国国情不同，其职业划分的标准有所不同。国际劳工组织早在 1958 年就出版了供各国参考的《国际标准职业分类》。

《中华人民共和国职业分类大典》将我国职业归为 8 个大类，66 个中类，413 个小类，1838 个细类。第一大类：国家机关、党群组织、企业、事业单位负责人，其中包括 5 个中类，16 个小类，25 个细类；第二大类：专业技术人员，其中包括 14 个中类，115 个小类，379 个细类；第三大类：办事人员和有关人员，其中包括 4 个中类，12 个小类，45 个细类；

第四大类：商业、服务业人员，其中包括 8 个中类，43 个小类，147 个细类；第五大类：农、林、牧、渔、水利业生产人员，其中包括 6 个中类，30 个小类，121 个细类；第六大类：生产、运输设备操作人员及有关人员，其中包括 27 个中类，195 个小类，1119 个细类；第七大类：军人，其中包括 1 个中类，1 个小类，1 个细类；第八大类：不便分类的其他从业人员，其中包括 1 个种类，1 个小类，1 个细类。

(三) 职业生涯规划的概念

职业生涯规划最早起源于 1908 年的美国。有“职业指导之父”之称的弗兰克·帕森斯(Frank Parsons)针对大量年轻人失业的情况，成立了世界上第一个职业咨询机构——波士顿地方就业局，首次提出了“职业咨询”的概念，从此，职业指导开始系统化。到五六十年代，舒伯等人提出“生涯”的概念，于是生涯规划不再局限于职业指导的层面。

职业生涯规划也叫“职业规划”，是指个人与组织相结合，在对一个人职业生涯的主客观条件进行测定、分析、总结的基础上，对其兴趣、爱好、能力、特点进行综合分析与权衡，结合时代特点，根据个人的职业倾向，确定其最佳的职业奋斗目标，并为实现这一目标做出行之有效的安排。换句话说，职业生涯规划是针对个人职业选择的主观和客观因素进行分析和测定，确定个人的奋斗目标，选择最适合其能力的事业，并努力实现这一目标的过程。

(四) 职业生涯规划的特征

一般来说，职业生涯规划有以下六个基本特征：

(1) 可行性。职业生涯规划的制定要有事实依据，要根据个人实际情况来确定，必须具有可行性。

(2) 适时性。职业生涯规划是对未来职业目标和职业行动的规划，需要根据当下的具体情况来进行设计。

(3) 灵活性。规划未来的职业生涯目标和行动，涉及很多不确定因素，因此，规划需要根据实际情况进行灵活调整，以增加其适时性。

(4) 持续性。职业生涯规划是根据个人的具体情况进行的事业指南，应贯穿人生发展的每个阶段，通过指导自身不断努力，最终能够实现职业目标。

(5) 独特性。每个人的具体情况不同，职业生涯规划也是基于自身的条件而制定形成的，是独一无二的。

(6) 社会性。在做职业生涯规划的时候，要充分考虑社会环境因素，根据社会需求和职业要求，制定符合社会需要的、能发挥个人价值的职业规划。

职业生涯规划实质上是追求最佳职业生涯的过程。一个人的事业究竟向哪个方向发展，他的一生要稳定从事哪种职业类型，扮演何种职业角色，都可以作出设想和规划。

(五) 影响职业生涯规划的因素

影响职业生涯规划的因素是多方面的，有主观因素，也有客观因素，它们相互关联、相互作用。因此，在进行职业生涯规划时，要对自身情况和所处环境进行全面仔细的分析，建立科学合理的可持续的职业规划。

1. 影响职业生涯规划的个人因素

在规划职业生涯时，要充分考虑个人的兴趣、性格、特长、职业能力等情况，是否与所规划的职业要求相适应。比如，有的职业要求视力、身高、体重，有的职业要求反应敏捷，有的职业要求耐心、细心，有的职业需要不断创新，有的职业需要不断地按程序重复操作等。因此在进行职业规划时，要充分考虑个人因素。

2. 影响职业生涯规划的社会环境因素

社会环境对个人在制定职业生涯规划时起着举足轻重的作用，有时甚至直接影响个人职业的选择。比如家庭环境的影响，家庭的经济状况、长辈的期望、成长环境等；又如，学校教育的影响。教育是赋予一个人才能、塑造人格、促进个人发展的社会实践活动，不同教育程度的人，在个人职业选择或被选择时，是有很大区别的。一般来说，接受过较高水平教育的人，在就业以后会有较大的发展，在职业不如意时，再次进行职业选择的能力和竞争力也较强。另外，人们所接受教育的专业、学科门类对职业生涯也起着重要作用。又如，社会职业岗位的数量、结构、层次、需求等对职业规划也有一定的影响。因此，社会环境因素决定了人们对不同职业岗位的接受、赞誉或贬低的程度，决定了个人步入职业生涯的基本方式、开始职业生涯后的基本态度，并由此导致个人职业生涯的变化。

(六) 职业生涯规划对个人和社会的意义

职业生涯是人生的重要组成部分，职业生涯的状况直接影响着我们人生的质量。科学合理的职业生涯规划，有助于大家寻找适合自己的职业，实现个体与职业的匹配，也有利于和谐社会的建设和社会的全面进步。

(1) 帮助个人充分发掘自我潜能，促进全面发展，增强就业能力。

科学的职业生涯规划能够实现针对性的个性化职业指导，帮助挖掘个人潜能和职业兴趣。良好的职业规划是在充分分析个性特色的基础上，通过确定职业目标，将兴趣爱好与职业需求有效结合，在提升自信心的同时，认识自我、挖掘潜力，把握就业技能，实现自我价值。职业生涯规划可以帮助人们在生命过程中突破自身障碍，开发潜能，提高人生的主观幸福感，直至最终实现自我价值。

(2) 促进人才合理流动，满足社会发展需求。

科学的职业生涯规划是根据每个人的个性特征来制定的，在一定程度上很好地规划了人才使用方式，不仅促进了人才合理流动，提升了人才综合素质，也有效地帮助企业积累了人力资本，满足社会发展的需求。随着知识经济时代的到来，许多管理学家认为，企业不应该仅仅关注服务和产品，更应该注重员工的智慧、技艺、能力的提高和全面开发。职业生涯规划可以帮助社会开发人才，提高员工对组织的归属感，只有个人实现了自我价值，企业才能实现发展愿景，社会才能最终实现进步发展。

三、职业生涯规划的现状及原因分析

(一) 对职业生涯规划的认知不充分

职业生涯规划是非常重要的，这一点大家都有清晰的认识。但在实际学习生活中，大多数人的职业规划都浮于表面和形式，对职业生涯规划相关知识了解不够，认知也不充分，没有行动力和可操作性。例如，跟风考证的现象，不了解专业设置和自我喜好的转专业现象，组团求职现象，盲目辞职现象等，这些都是建立在功利、跟风、自我安慰等基础上的职业生涯规划假象。大多数人对自己未来就业和职场发展的正向作用认识清晰，但对职业生涯规划的知识了解却非常少，导致对自我发展概念的感知不够，对个人优劣势的分析不足，同时又对社会环境和职业变化敏感度不高，对岗位需求的认知模糊，难以根据自身实际及就业形势变化及时制订、评估和调整出具有时效性的个性化职业生涯发展规划。

(二) 职业生涯规划的目标不明确

就业是最大的民生。随着我国就业形势的日趋严峻和市场竞争的日益激烈，就业者的压力也越来越大。但不少学生对自己未来的职业目标并不清晰明确，也不能有针对性地做好职业能力提升和就业准备。绝大部分学生在进行职业生涯规划时，以自我为中心，缺乏对当前就业形势及岗位需求的客观分析和充分考虑，规划定位不清晰、目标不切实际。相关研究发现，在毕业六个月内辞职的学生数量占比较高。

不少人不了解职业目标的意义与作用，认为目标只是一种形式，有没有目标照样可以工作。但一个人要获得事业的成功，必须按照人生成功的规律来制订行动的目标和规划。据研究发现，凡是在一生中称得上“成功”的人，都有明确的奋斗目标。虽然有了目标未必一定成功，但若想成功必须要有明确的目标。

(三) 职业生涯规划的行动不明显

很多人都知道职业生涯规划的重要性，但落实到具体实践的人却很少。虽然学校设置的职业规划必修课、选修课等课程对于推动开展职业生涯规划的行动有着明显的效果，但光靠这些是远远不够的。缺乏系统性、针对性的职业生涯规划的知识和方法，以及缺乏专业性的评估与监督，是造成学生开展职业生涯规划行动不明显的主要原因。学生们大多是被动地去制定职业目标，在求职的时候，也是去学校招聘会或招聘网站盲目寻找工作。还有些学生是等工作来找自己，或者依靠家长、老师等推荐就业信息。虽然随着入学时间的增加，付出职业生涯规划行动的学生比例也会增加，但大学毕业前才求助职业生涯辅导，为时较晚。

(四) 职业生涯规划的指导不完善

职业生涯规划课程对于学生掌握相关知识有着重要的作用，完成职业生涯规划必修课程、选修课程是必要的，但一些专业的或个体咨询类职业生涯规划指导目前是不完善的。而且职业生涯规划教育和指导是持续且连贯的，绝不是断层的、碎片式的。当下，绝大部分高职院校将职业生涯规划课并入创新创业与就业指导课程体系中进行讲评，虽在不断调整优化，但尚未构建出一个完善的、系统的职业生涯教育规划体系。而大学学习阶段不仅仅是整个职业生涯规划的初级阶段，更是大学生们进行自我定位与职业生涯发展的积累期。目前很多高校将职业生涯规划课程在大一期间进行讲授和指导，虽有利于学生及早进行自我定位并树立规划意识，尽早制定个性化的富有实效性的职业生涯初级阶段目标任务，但距离毕业还有 2～3 年时间，经验上的匮乏使得他们的规划缺乏实践性。

总体来说，大学生目前的职业生涯规划现状不太理想，对职业生涯规划教育的需求又比较迫切，这就要求各高校在职业生涯辅导方面积极提高专业能力水平和服务质量。

四、提升途径

一个人的职业生涯贯穿一生，是一个漫长的过程，应有一个整体的规划。掌握一些职业生涯规划的正确方法，有助于大家正确认识自我，顺利确定职业目标，实现职业梦想。

(一) 正确进行自我分析，挖掘自身优势

在制定职业生涯规划时，首先要进行自我分析，这是制定职业生涯规划的关键，也是一个人职业生涯规划最重要的一步。通过自我分析，认识自己、了解自己，发现自己的职业兴趣，明确自己的优势，衡量自己的差距。只有认识了自己，才能对自己的职业或岗位做出正确的选择，才能对自己的职业生涯目标做出最佳抉择，才能选定适合自己发展的职业路线。

自我分析的内容主要包括四个方面：

(1) 生理自我：自己的相貌、身材、穿着打扮等；

(2) 心理自我：自己的性格、兴趣、能力、气质、意志等；

(3) 理性自我：自己的思维方式、思维方法、道德水准、情商等；

(4) 社会自我：自己在社会上所扮演的角色，自己在社会中的责任、权利、义务、名誉，他人对自己的看法以及自己对他人的看法等。

(二) 树立正确的职业理想，确立明确的职业目标

职业理想是指人们对未来职业表现出来的一种强烈的追求和向往，是人们对未来职业生涯的构想和规划。任何人的职业理想必然要受到社会环境、社会现实的制约，大学生的职业理想更应把个人志向与国家利益和社会需要有机地结合起来。大学生树立职业理想的过程，便是心目中进行职业生涯设计的过程，一旦在心目中有了自己理想的职业，就会依据职业理想的目标，去规划自己的学习和实践，并为自己理想的职业做各种准备，确立明确的职业目标。在职业生涯中，人生的职业目标有短期目标和长期目标以及近期目标和长远目标之分，而且在一定时期还有可能对职业目标提出一定的调整。

(三) 构建合理的知识结构，培养职业需要的实践能力

知识的积累是成才的基础和必要条件，大学生不仅要具有相当数量的知识，还必须要形成合理的知识结构。在职业生涯设计时，大学生要能够根据职业和社会不断发展的具体要求，将已有知识科学地重组，建构合理的知识结构，最大限度地发挥知识的整体效能。

大学生在进行职业生涯设计时，除了构建自己合理的知识结构外，还应具备从事本行业岗位的基本能力、专业能力和实践能力。一般来说，大学生应重点培养满足社会需要的决策能力、创造能力、社交能力、实际操作能力、组织管理能力和自我发展的终身学习能力、心理调适能力、随机应变能力等。目前，高校组织大学生参加的“三下乡”活动、“青年志愿者”活动、创新创业活动、各种技能竞赛、顶岗实习等都是提高职业实践能力很好的形式。

(四) 坚持把职业生涯规划贯穿整个人生

职业生涯规划是一个动态的过程，应从一生的职业起点写起，并贯穿整个人生。但随着大学生知识、阅历、认知的不断提高，每个个体也在随着时代的进步不断变化。在人生每个不同的阶段里，都需要明确每个阶段的特征和任务，做好规划，这对更好地从事自己的职业，实现确定的人生目标非常重要，所以职业生涯规划应贯穿人生的整个阶段。例如，二十岁到三十岁，走好第一步；三十岁到四十岁，不可忽视修订目标；四十岁到五十岁，及时充电；五十岁到六十岁，做好晚年生涯规划。俗话说：“计划赶不上变化”，影响职业生涯规划的因素很多，有的变化因素是可以预测的，而有的变化因素难以预测。在此状况

下，要使职业生涯规划行之有效，就须不断地对职业规划进行评估与修订。

除了以上几个方面，我们在进行职业生涯规划时，还应培养良好的道德修养和健康的心理素质。

五、活动设计

(1) 活动主题：结合所学内容，提交一份职业生涯规划设计书。

活动目的：通过提交职业生涯规划设计书，让学生尝试剖析自己、分析自己，盘点自身优劣势，并能结合职业测评进行分析，发现自己的职业喜好。

活动形式：以个人为单位提交作业，并进行讲评。

(2) 活动主题：观看求职类节目《令人心动的 offer》。

活动目的：通过观看年轻热血的大学生蜕变成职场人的节目，看他们如何在职场奋斗、突破舒适圈、成功度过过渡期、适应新生活。通过校园到职场的过渡、实习生之间的竞争与合作、工作及同行人压力、与上司及其他同事的人际交往、付出与努力等，引起学生们对职业生涯规划的重视，了解树立职业目标的重要性，并提早做好准备。

活动形式：观看节目后，让学生分享自己的职业梦想。

课 后 练 习

1. 推荐阅读书籍《你的生命有什么可能》。
2. 阅读职业生涯规划案例，进行分析讨论。

蚯蚓的目标阶梯

蚯蚓是我从小到大的朋友。

蚯蚓不是原名，由于他长得黑矮瘦弱，因而得名。

我们 18 岁分开后，我在外为生活四处漂泊奔波；而蚯蚓上了大学，什么事都挺顺当。

在这分开的十年里，我们几乎每隔两三年见一次面。每一次我都喜欢问他同一个问题：你将来的目标是什么？

而我得到的答案总是不相同。

下面记录的是我与蚯蚓每次谈及目标的原话。

18 岁，高中毕业典礼上：我发誓要当马化腾第二！我要当中国首富(好大的口气)!

20 岁，春节老同学团聚会上：我想创立自己的公司，30 岁前拥有资产 2000 万。

23 岁，在某市工厂当技术员，第二职业是炒股：我正在为离开这家工厂而奋斗，因为在这里工作太没前途了。我将全力炒股，三年内用 5 万元炒到 500 万元(似乎有点实现的可能)。

25 岁，炒股失意而情场得意，开始准备结婚：我希望一年后能有 10 万元，让我风风光光地结婚(挺现实的想法)。

26 岁，不太风光的结婚典礼上：我想生一个胖小子，不久的将来当个车间主任就行，别的不想了(是不是结婚会使人成熟)。

28 岁，所在工厂效益下滑，偏偏正是妻子怀胎十月的时候：希望这次下岗名单里千万不要有我的名字。

蚯蚓的职业生涯轨迹并不是少数人的情况，我们身边有许多人都重复着雄心壮志，又屈服于现实的残酷。

结合以上案例，分析蚯蚓的心态历程，并说说蚯蚓在职业生涯规划方面缺乏的知识和能力。

第十三章　工匠精神培养

【案例导入】

这部纪录片的主角，是一群“医生”，专给文物治病的顶级文物修复师。

老一辈的师父们，大多是学徒出身，他们把整个青春都献给了这些静默的文物。

年轻一辈的，很多来自中央美院和清华美院。

有人为了份安稳的工作，有人因为喜爱，有人是家传，无论前因如何，后果都是他们扎根在故宫，用匠心让损坏的文物们重见天日。

在这个纪录片里，我看到了真真正正的匠心。

就像大电影的宣传语，“择一事，终一生”。

——摘自《我在故宫修文物：你能否“择一事 终一生”？》

结合案例，说说你认识的工匠精神代表人物，并谈谈工匠精神包含了哪些内涵。

一、学习目标

通过本章对工匠精神的学习，使学生懂得工匠精神是追求卓越的创造精神、精益求精的品质精神、用户至上的服务精神的内涵。通过让学生了解工匠渊源，教育引导学生以新时代大国工匠为榜样，培养他们努力学习精湛的技能和高超的技艺，养成专注负责、严谨细致的工作态度，坚持精益求精、精雕细琢的工作理念，树立和增强学生们对工匠精神的认同感和自身责任感。

二、理论阐述

（一）工匠精神历史溯源

在西方，早在古希腊罗马时期就出现了工匠精神的最初萌芽。在中国，早在4300年之前，便出现了有历史记载的工匠精神萌芽。到了春秋战国时期，各行各业优秀工匠的事迹和传说更是在当时的文化典籍中频繁出现，也迎来了中国工匠精神和工匠文化发展史上的第一个重要阶段。一直以来，匠人这个群体就是中国社会的基本构成部分，他们在漫长的历史中留下了数不尽的精妙技艺和作品。

在先秦文化典籍关于工匠的记叙中，以墨家、儒家的叙述最为系统。其中，墨家从民本思想的实用主义、功利主义角度出发，对工匠提出“尚技”和“利用”的要求，崇尚能工巧匠的高超智慧和技巧。儒家则更强调将工匠的匠艺活动纳入伦理道德的体系规范之中，认为每一种匠艺，其发明者都是古代圣王。我们可以看到，中国古代技术文明的辉煌成就与先辈们传承、弘扬、实践工匠精神密切相关，而“游刃有余”“鬼斧神工”“得心应手”“出神入化”等词语，“庖丁解牛”“津人操舟若神”等故事，更是对工匠出色技艺的生动描绘与高度肯定。

其实，无论在中国还是西方社会，工匠精神都体现出精雕细琢、精益求精、追求卓越的精神理念。中国古代强调工匠父子相承、世代相传的道德行业传统和规矩，展现的不仅仅是单纯的技术传承，更是师徒双方在思想上对技艺的领悟和行业的坚守。师徒共同生活、学习、讨论、钻研，师傅不仅传授徒弟技术，而且教会徒弟如何做人、自立、创新，这就是师徒共同在实践中传承和发扬工匠精神的过程。

目前学界有关工匠精神起源的问题，学者们认为虽然工匠精神这一词由聂圣哲先生提出不过才短短十余年，但这种“精神”却是自古以来就存在的，并且随着文化、科技、政治等领域的发展而不断丰富，由此才得以形成我国悠久的工匠文化以及工匠精神。

（二）工匠精神的含义

“工匠精神”是指一种精益求精、追求品质、注重细节的工作原则和热爱、专注并持续深耕的职业伦理，以及在这种过程中所达成的审美和精神境界。这具体包括对专业技能和完美产品的精益求精精神、对工作和职业的专注敬业精神和对技术操作的超越性价值的追求精神。工匠们喜欢持续不断地雕琢自己的产品，不断改善自己的工艺，享受着产品在双手中升华的过程，把品质从99%提高到99.99%。相信随着国家产业战略和教育战略的调整，以及人们求学观念、就业观念及单位用人观念的转变，“工匠精神”将成为大家的毕生追求。

工匠精神

(三) 工匠精神的内涵

(1) 专心一志。工匠精神来自于内心的热爱，源于灵魂的本真，不图名不为利，只为用心做好一件事。

(2) 精益求精。注重细节，追求完美和极致，力求不断进步和打造完美。

(3) 一丝不苟。做事非常认真、细致、严谨，采取严格的检测标准，必须确保每个产品的质量。

(4) 坚持不懈。坚持到底不松懈，不断提升产品和服务，不断追求进步，无论遇到多大的困难和挑战，都在不断完善。

(5) 兢兢业业。工匠时刻保持高度负责的态度来打造本行业最优质的产品，以及其他行业无法匹敌的卓越产品。

(6) 推陈出新。独具匠心地运用精巧的心思，不断改善技艺和发明创造。

(四) 工匠精神的体现

1. 尊师重道——工匠精神的起源

中国古代技艺的传承和发展主要有家庭式和师徒式两种主要形式。学徒期间，师傅和徒弟同住、同吃、同劳动，师傅教会徒弟谋生的技艺，也教导徒弟遵守行业规范和职业操守。尊师的本质就是尊重技艺、遵守职业道德；重道就是尊重规律、知识和道德规范，成长为合格的工匠。庖丁解牛就是因为厨工在反复的日常实践中，掌握了牛的骨骼结构，才能使刀刃游走于骨骼之间。鲁班成为一代名匠，也是因为从小跟随家里人参加许多土木建筑工程劳动，逐渐掌握了生产劳动的技能，积累了丰富的实践经验，在洞悉力学规律与建筑学规律的基础上进行了创造发明。尊重技艺、遵守职业操守、尊重规律是工匠成长的必然路径，也是工匠精神的起源。

2. 技艺精湛——工匠精神的根本

工匠的首要职责是造物，技艺是造物的前提，也是工匠存在的第一要素。如何使技艺达到熟练精巧，古代工匠们有着超乎寻常的，甚至可以说是近乎偏执的追求。正是因为他们对自己的每一件作品都力求尽善尽美，花费时间打磨和反复完善，锻造了精湛的技艺。如果工匠任凭质量不好的作品流传到市面上，往往会被认为是他职业生涯的耻辱。技艺精湛是工匠精神的根本，一名合格的工匠，首先要技艺精湛，且长期专注于某一产品及技术，通过不断地积累经验，才能达到内心的极致目标。

3. 精益求精——工匠精神的表现

工匠精神所表现出来的精益求精特质，主要源于工匠自身长期的技术实践积累和对技术技艺的至高追求，以及对前人的发明制品或技艺进行改良式的创新，以期得到“青出于蓝而胜于蓝”的技术制品或技术服务。精益求精精神是对工艺品质有着坚持不懈的追求，时刻以严谨的态度，规范的动作，完成好每一道工序。在这种精神的支撑下，工匠们愿意为某一项技艺的传承与发展贡献毕业的精力。精益求精的工匠精神体现了工匠对高品质制造和服务的追求，对生产技术和服务工艺永不满足的追求。

4. 爱岗敬业——工匠精神的传承

爱岗敬业是对工匠精神的传承，工匠精神表现在实处就是爱岗敬业。《论语》中“知之者不如好之者，好之者不如乐之者”，乐业是最高境界，是最好的职业导师，也是最能够激发人类工作热情、奉献激情、创新灵感的境界。从中央电视台热播的纪录片——《大国工匠·匠心筑梦》可以看出，爱岗敬业是大国工匠们最基本的特征。从他们的成长历程来看，有人是先天喜欢某个方面的工作，有人是后天因为某件事、某个人与某个职业结缘，但他们都热爱自己的岗位，认识到了自己职业的价值，恭谦谨慎地对待自己的职业。爱岗敬业是工匠精神在新时代最常见的表现，唯有坚持热爱平凡的岗位，工匠精神才能合力绽放出最耀眼的光彩。

5. 求实创新——工匠精神的灵魂

求实创新彰显着工匠精神的时代气息。求实就是讲究实际，实事求是；创新是指永不满足，与时俱进。求实是态度，创新是方法和手段。工匠属于生产服务的第一线，是脚踏实地的技术技能劳动者，唯有在生产实践的过程中“求实”，洞悉社会需求，掌握生产技艺，遵守生产规律，才能创造出合格的产品。工匠们凭着求实创新的职业精神，永不满足，精益求精，通过不断改进生产技术，提高产品与服务的质量，提高生产与服务的效率，提升产品与服务人性化的程度。求实是创新的基础，创新是求实的体现，工匠精神需要有脚踏实地的务实，也需要有不断创新的激情，求实创新是工匠精神的灵魂。

中国工匠

三、工匠精神的现状及原因分析

（一）对“工匠精神”时代性的误读

随着现代机器化大生产对传统手工业的冲击，传统工匠逐渐从历史舞台退出。特别是21世纪以后，自动化、机器人在一定程度上实现了对人工的替代，随之而来的是个人的工匠意识慢慢淡薄，一些企业只顾眼前利益而忽视了对工匠精神的培育，忽略了认真打磨产品、服务和品牌的工匠精神。有观点认为，工匠精神已经过时了，但事实并非如此。首先，机器大工业并没有也不可能完全取代人工，随着现代工业的进一步发展日益表现出的个性化新趋势，人工也必将成为现代工业体系中必不可少的辅助环节。其次，时代的变迁赋予了工匠不同的工作内容，也为工匠精神提供了更为广阔的发展前景。工匠精神不仅没有过时，甚至比任何时候都更重要。工匠精神的强势回归，是“中国制造 2025”“一带一路”等国家战略的需要；是企业转型、产业升级的需要；是消费者个性化消费和高品质生活的需要；是劳动者职业生涯发展和个人价值实现的需要。工匠精神包含了严谨细致的工作态度，坚守专注的意志品质，自我否定的创新精神以及精益求精的工作品质，是时代发展的必然要求。

（二）对工匠群体社会地位的误读

“形而上之谓道，形而下之谓器”。受传统思想影响，有些人认为工匠是从事体力劳动的群体，对体力劳动者地位存在偏见，认为工匠具有的是“形而下之技”，工匠阶层是社会低级阶层。虽然我国改革开放 40 多年过去了，但传统的等级观念、官本位思想、“学而优则仕”思想并没有完全消除，仍有较大的消极影响。我们应该认识到，在现代社会，一方面传统的手工技艺发生了巨大的变化，在当代世界能够以文化传承和文化创造的形态继续存在并得到发展；另一方面，工匠群体的社会地位不断得到提升，体现了劳动者，特别是普通劳动者的价值，是最值得尊敬的人。

（三）对工匠能力素质构成的误读

人们的传统观念认为工匠“唯技能、轻理论”，其高超技艺具有经验性，不需要理论知识。虽然古代匠人的技能都是从实践中“心领神会”或者通过师傅“言传身教”“口口相传”得到，看似只要徒弟虚心学习，就能和师傅做得一样好。其实，这仅仅是工匠能力素养在科技和教育不发达年代的表现。当前产业结构面临升级，单靠技艺的传承是不够的，新时代的工匠绝不是单纯的体力劳动者，一个优秀的工匠不仅要有高超的技艺，还需具有一定的理论基础和科研能力。另外，工匠精神有着丰富的内涵，除了技艺层面，更有做人层面；

除了追求自由的科学精神和对创新、变化的表述，更有追求永恒的人文精神对责任、道德的坚守。

四、提升途径

当前我国教育存在重学历轻能力、重理论轻技术、重智育轻德育等问题，成为影响工匠精神养成的重要原因。要扭转这一状况，首先要把工匠精神的培养纳入国民教育体系中来。工匠精神要从娃娃抓起，从观念抓起，从细节抓起，贯穿到义务教育、基础教育、高等教育、职业教育和成人教育等各层次各阶段教育之中，培养学生专注耐心、精益求精、追求卓越的精神，以此重塑并强化工匠精神的民族基因，发挥工匠精神的最大效力。

(一) 重塑工匠精神，先立志

工匠精神在我国有深厚的历史底蕴。一部中华文明史，凝聚着历朝历代工匠们的智慧和创造，它曾造就了中华民族百业兴旺、空前繁荣。中华文明之所以在世界上广泛地为人所知并大放异彩，除了中华文化博大精深外，起初引起人们直接兴趣的，恐怕还是来自中国的产品。历史上我国的茶叶、丝绸和瓷器等优质产品远销海外，深受国外消费者追捧。中国红茶，曾经成为欧洲皇室贵族的标签。历史上各种各样畅销海外的“中国制造”，在世界范围内形成了对中华文明的推崇与宠爱，这都使得中国“工匠精神”有根可寻。

作为当代大学生，我们要以史为鉴，重塑工匠精神，把个人理想追求融入国家和民族事业。作为“双创”生力军，应确立远大的理想，通过学校开设的专业课堂，以及书籍与媒体的综合资讯，了解我国辉煌灿烂的工匠史，树立民族自豪感，在内心植下工匠精神的种子，以此重塑并强化工匠精神的民族基因。强国必须先强志，唯有如此，才能实现中国制造向中国创造、中国速度向中国质量、中国产品向中国品牌的“三大转变”，才能完成中国制造由大变强的战略任务。

(二) 传承工匠精神，须立品

匠心筑梦，大国崛起。传承工匠精神，需要不断学习和延续工匠们“精益求精、格物致知”的品质精神。新的时代赋予了工匠精神新的品格，心怀匠心，树立品格，才能以认真严谨的态度做好每一项工作。但近现代以来，中国的工匠精神却在弱化。纵观当今社会，好逸恶劳、山寨成风、贪眼前小利的不良风气比比皆是。作为当代大学生，为实现中华民族伟大复兴的中国梦，要有“守正”精神，坚持底线，传承工匠精神，将其树立成中国品格。

（三）践行工匠精神，须立行

践行工匠精神，要力行，要知行合一，做实干家。成为一名合格的新时代工匠，要坚持不懈地通过“千锤百炼”来磨炼自己的技艺。真正的工匠在专业领域上始终保持着一颗精益求精的初心，以追求品质、注意细节的原则来指导实践，求实创新。新时代的工匠精神是与中国特有的国情相结合形成的中国特色的工匠精神，是一种以人为本、凝心聚力、实践优先的实干精神。高校在培育学生树立和践行工匠精神的同时，须理论与实践相结合，通过一些实践课程或实习，以校企、校地、校校联合等形式，帮助学生进行社会实践，在实践中领会和践行工匠精神。

（四）深化工匠精神，须立新

工匠精神与创新精神并行不悖，既相互联系、相互统一，又相互平衡、互为补充。工匠精神中精益求精、追求卓越的内涵，就包含了不断创新的精神。在产品的制造过程中，工匠精神是基础，创新精神是引领，工匠精神与创新精神最终统一于具体的产品之中。一件质量上乘的产品既是抓住市场的新需求而不断创新的产物，也是工匠追求细节完美而精致创造的结果。创新，并非盲目的突发奇想，而是在不断的生产实践、不断的思考探索、不断的精益求精中产生的，它必须符合市场需求，符合人类美好生活的追求。

习近平总书记、李克强总理多次强调要弘扬工匠精神，加强品牌建设。今天，我们培育工匠精神是经济高质量发展的必然要求。因此，培育和弘扬工匠精神，要将持之以恒、专注敬业的工匠精神根植于大学生内心，转化其品性，让工匠精神成为推动中华民族伟大复兴、实现中国梦生生不息的力量。

五、活动设计

(1) 活动主题：观看中央电视台特别节目《大国工匠》。

活动目的：通过观看节目，深刻了解 8 个工匠“8 双劳动的手”所缔造的神话。他们让行业发展推陈出新，实现了辉煌的人生价值，造福了大众和社会，也让中国制造水平、创造力水平，提升到了令人景仰的国际尖端。节目播出之后，工匠的故事很快引起社会热议。

活动形式：让学生分组集中开展“工匠精神”大讨论。

(2) 活动主题：结合所学专业，寻找行业内的“时代工匠”。

活动目的：通过让学生寻找行业内的“时代工匠”，来加强对本专业匠人的认知和崇拜。通过事迹分享和行为分析，树立严格谨慎、精益求精、追求极致的工匠精神和信念，使学生能够更加深刻地认识自己的专业，热爱自己的专业，帮助确定职业方向和目标。

活动形式：以小组为单位，讲述1～3位行业内的工匠代表的故事。

课后练习

1. 阅读推荐书籍《互联网＋工匠精神》。
2. 阅读古代“工匠精神”小故事，说出自己的感悟。

庖丁解牛

庄周

庖丁为文惠君解牛，手之所触，肩之所倚，足之所履，膝之所踦，砉然向然，奏刀騞然，莫不中音。合于《桑林》之舞，乃中《经首》之会。

文惠君曰：“嘻，善哉！技盖至此乎？”

庖丁释刀对曰：“臣之所好者，道也，进乎技矣。始臣之解牛之时，所见无非牛者。三年之后，未尝见全牛也。方今之时，臣以神遇而不以目视，官知止而神欲行。依乎天理，批大郤，导大窾，因其固然，技经肯綮之未尝，而况大軱乎！良庖岁更刀，割也；族庖月更刀，折也。今臣之刀十九年矣，所解数千牛矣，而刀刃若新发于硎。彼节者有间，而刀刃者无厚；以无厚入有间，恢恢乎其于游刃必有余地矣，是以十九年而刀刃若新发于硎。虽然，每至于族，吾见其难为，怵然为戒，视为止，行为迟。动刀甚微，謋然已解，如土委地。提刀而立，为之四顾，为之踌躇满志，善刀而藏之。”

文惠君曰：“善哉！吾闻庖丁之言，得养生焉。”

卖油翁

欧阳修

陈康肃公尧咨善射，当世无双，公亦以此自矜。尝射于家圃，有卖油翁释担而立，睨之，久而不去。见其发矢十中八九，但微颔之。

康肃问曰：“汝亦知射乎？吾射不亦精乎？”翁曰：“无他，但手熟尔。”康肃忿然曰：“尔安敢轻吾射！”翁曰：“以我酌油知之。”乃取一葫芦置于地，以钱覆其口，徐以杓酌油沥之，自钱孔入，而钱不湿。因曰：“我亦无他，惟手熟尔。”康肃笑而遣之。

第十四章　职业形象塑造

【案例导入】

城市的一座高档写字楼下，某家照明器材厂的业务员金先生，手里拿着企业新设计的灯具样品，急匆匆地爬到七楼，脸上的汗水还未擦拭就径直走入了业务部张经理的办公室：“对不起，这是我们公司设计的新产品。请看。”金先生说道。张经理停下手头的工作接过灯具样品查看，称赞道：“嗯，是很漂亮!”随即请金先生就座，并为他倒了一杯茶水，然后拿起灯具样品仔细观察起来。金先生看到张经理对他们的产品感兴趣，非常高兴，便往沙发上一靠，点起一根烟，跷起二郎腿悠闲地打量起了张经理的办公室。张经理谈到价格时说：“产品很好，但是报价比我们预计的要高很多，能否有更低的价格？”金先生回答，“我们的经理告诉我们，这是我们的最低价，我们不能再低了。”张经理听完沉默了，金先生看张经理不说话，紧张起来，不由自主地扯松了自己的领带，手指轻敲起了桌面。张经理皱起了眉头，问道：“这个照明器的先进性能在哪里？”金先生搔着头，结结巴巴地说：“造型新颖……呃……使用寿命长，省电。”听完，张经理没有说话，借故离开了办公室，留下金先生一个人。金先生等了一会觉得无聊，就随便拿起办公桌上的电话拨给朋友闲聊了起来。一会，门开了，进来的不是张经理，而是秘书请金先生离开这里……

你能帮金先生找出原因吗？

一、学习目标

通过对本章的学习，大学生们在大学阶段提前了解职业形象的组成要素及标准，掌握塑造个人职业形象的基本原则，有助于培养大学生塑造个人职业形象素养的能力，进而引导大学生尽快完成从校园人到职业人的形象转变，并作为独立个体融入职业生涯，扮演一定的职业角色，展现个人专业素养。

二、理论阐述

(一) 职业形象素养的概念

职业形象素养主要是泛指学生在职场、社会公众面前所需要树立的一种印象，它包括外在形象、品德修养、专业能力及知识结构四个方面。职业形象素养要求达到以下标准。

(1) 个体着装整洁、仪表大方地展示其综合素质修养、专业态度、科学技术和专业管理技能。

(2) 形象与个体的职业气质相适应，与个体的年龄相适应，与个体的工作风格相适应，与企业的工作性质要求相适应，与行业需求相适应。

(3) 在服饰打扮上，既要充分地展示自我，也必须充分地尊重别人，在规范化的基础上，在不同的场合选择合适的着装。

(二) 树立良好的职业形象的作用

(1) 注重职业形象可以烘托个人良好的气质。在竞争激烈的企业和职场环境中，第一印象很重要，良好、得体、出众的个人形象将会对我们的择业、交友、公关产生有益的影响。

(2) 注重职业形象可以突出个人的职业特征。职业形象本身就是一种默默无声的语言。员工拥有一个好的职业形象将有效加强公司的形象，改善与顾客、同事之间的人际关系，树立员工在公司的良好形象，体现个人素质。

(3) 注重职业形象可以帮助个体扮演公众角色。职业形象素养要求尊重区域文化的要求，不我行我素，不破坏文化制约。符合主流的个体专业形象，才能促进其职业升值，获得尊重和认可。

三、职业形象的现状及原因分析

伴随着我国高职专科院校规模的进一步扩大，就业压力急剧增加。高职院校正在积极探索“校企合作、工学结合”的“2+1”新型人才培养培训模式，即两年内在校集中学习学科专业知识和相关基本技能，一年时间进入相关企业参加顶岗实习。在与顶岗实习企业的沟通中了解到，部分学生的职业素养还未达到实习企业的相关岗位要求，主要原因体现在以下几个方面。

(一) 职业形象不佳，职业观念不强

美国心理学家威廉·詹姆士说过，“播下一个行动，你将收获一种习惯，播下一种习惯，你将收获一种性格；播下一种性格，你将收获一种命运”。概括地说，一个学生的行为习惯、

态度、个人道德与修养将直接影响他的择业成功率。部分学生在校期间自我要求不高，日常行为懒散，进取心不强，对目标岗位职业形象的要求不清楚，对专业素养构建的内在和外在条件的理解也不深刻。

(二) 日常行为礼仪养成有待加强

职业礼仪是职业形象素养的重要组成部分，良好的职业礼仪会给对方留下良好的印象。良好的会议礼仪、谈话礼仪、办公礼仪、就餐礼仪等对外形象都能增强职场的魅力和亲和力。大学生在外表、行为、课堂、宿舍、就餐礼仪等方面存在着较强的自我意识，行为不文明、纪律性差、团队协作能力弱等特点，缘于大学生不成熟的心理。

(三) 缺乏应有的实践教学活动

随着人才培养模式的不断改革，实践教学应成为职业技能培养的融合剂，但由于实践教学是一个反复试验的过程，目前的职业素养课堂教学仅反映了更多的理论知识水平，使学生对企业的职业要求、职业形象等的理解存在偏差，学生进入职场前塑造适当的职业形象更加困难。

四、提升途径

提高职业形象素质的主要内容包括职业仪表形象、职业能力形象、职业气质形象、职业精神形象。其中，职业仪表形象主要包括：职业化妆、职业发型、职业穿戴、职业服饰仪态等；职业能力形象主要包括： 社会交往能力、表达能力、职业技能等；职业气质形象主要包含内在的精神情感及外在的精神面貌，它是通过长期的培养而自然形成的，也可以说，职业气质形象的塑造是一个长期的学习和培养过程。

(一) 从着装入手，突出“职业范”

正装是指在严肃的活动和场合的正式服装，它们本身就是一种正式的活动和场合服装，而不是娱乐和居家生活环境的服装。在西方国家，正装主要包括西服、燕尾服；在中国，正装则主要是西服，即“衬衫+西服+领带+西裤+皮鞋”，有时还可以选择穿立领的中山装。女性的正装主要有女士套裙和女士西装两种形式。

1. 西装

男士穿着西装时，要注意以下原则：

(1) 合身。根据自己的脸型、身高和肩宽比例来选择适合的衣服。

(2) 平顺。西装需要有平顺线，突出的部位被认为是破坏了西装外形的元凶，一套新西装的口袋封缝线不必要拆除，在西装的上衣外部口袋里面插入钢笔或手机、钱包都是不礼貌的。

(3) 纽扣。单排扣，一般场合下穿着；双排扣，正式、晚宴等场合穿着，不适宜日常穿着；4 颗扣，一般场合穿着；6 颗扣，一般适用于喜宴、办公场合；8 颗环环扣，参加丧礼的穿着。

(4) 注意西装与衬衫：穿西装时，衬衫袖应比西装袖长出 1 cm～2 cm，衬衫领应高出西装领 1 cm 左右，衬衫袖口的纽扣一定要扣上，下摆必须扎进裤里，若不系领带，衬衫的领口应敞开。

(5) 注意西装与鞋袜：庄重的西装要搭配黑色、深褐色的皮鞋，或与西裤颜色接近的皮鞋，袜子的颜色应比西装深一些，花色要尽可能简朴大方，切忌穿白色或色彩鲜艳的袜子。

女士西装通常为上衣和长裤相配的套装，也有上衣和裙子搭配的套装。女士西装的领子款式也比较多，领型有青果领、V 字领、披肩领等；扣子款式有单排扣、双排扣；衣长有长至大腿，也有短至腰部；图案和拼接也多有变化。

在社交场合，穿着西服套装和套裙都应该简洁大方，展现出精明、干练的感觉；要搭配正装鞋，颜色和样式都应以简单为好；套裙应该大小适度，裙子的长度通常到膝盖，最长不超过小腿的中部。另外还要注意自己的举止和姿势，走路或下蹲时应轻缓大方。

2. 领带

领带是西装的灵魂。凡参加正式交际活动时，穿西装都应该系领带，领带长度以到皮带扣处为宜。在领带的选择上，应注意与西服上衣的搭配，上衣的颜色应为领带的基础色，成同色系对比色彩的搭配，但领带图案不宜与衬衫图案一致。关于男士领带的系法，归纳起来，具有专属名称的领结至少有 18 种以上，此处简单介绍 5 种。

(1) 平结。平结领带是现代中国男士领带中最流行的新款式之一。也可广泛应用于不同款式、不同材质的男士领带。如图 14-1 所示。

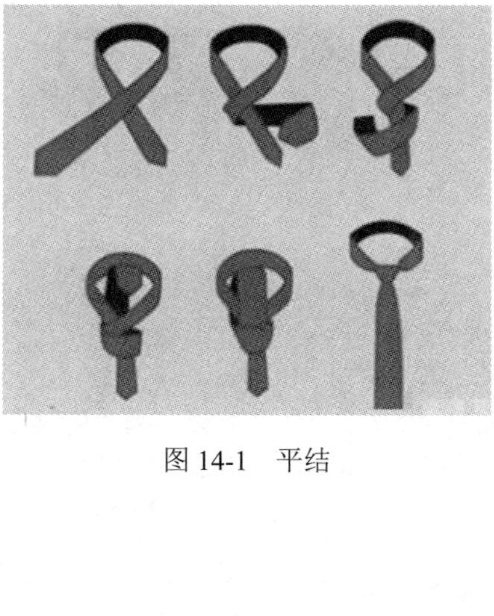

图 14-1　平结

(2) 交叉结。交叉结适宜于单色素雅且材料比较薄的领带，喜欢表达流行感的年轻人不妨考虑多用。如图 14-2 所示。

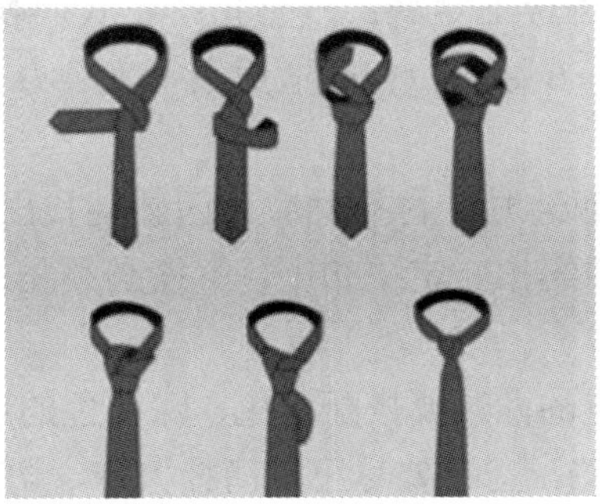

图 14-2　交叉结

(3) 双环结。双环结可以给人营造时尚感，适合年轻的上班族选用。其主要特点是它的第一圈会略微地露出在第二结圈之外，如图 14-3 所示。

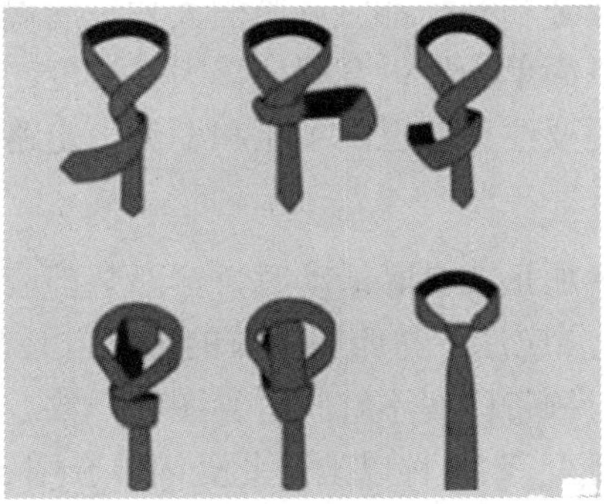

图 14-3　双环结

(4) 双交叉结。双交叉结给人高雅隆重的感觉，适宜于正式场合，如图 14-4 所示。

图 14-4　双交叉结

(5) 温莎结。温莎结主要用于宽领型的衬衫，同时由于领带的面料材质不宜太厚，领结也不宜打得过大，如图 14-5 所示。

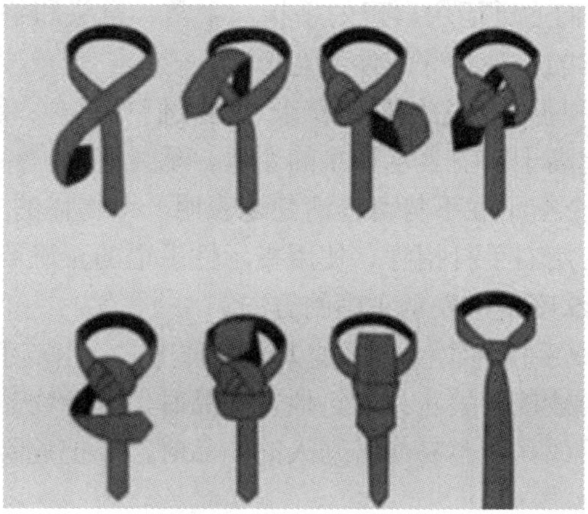

图 14-5　温莎结

(二) 从仪态出发，秀出“职场风”

仪态是指一个人的行为举止，包括面部表情、手势、站姿、坐姿、走姿和蹲姿。

(1) 表情。1973 年，美国著名心理学家艾伯特·梅拉比安根据一系列科学研究的结果，提出了一个新的公式。信息的总效果＝7%言辞＋38%语调＋55%面部表情。人的表情主要有三种形式：面部表情、语言声调表情和身体姿态表情。

(2) 眼神。根据近年我国有关医学调查人员研究，人们在交谈时视线接触对方脸部的时间约占全部谈话时间的 30%～60%，如超过这一平均值，可认为对谈话者本人比对谈话内容更感兴趣；低于这一平均值，则表示对谈话内容和谈话者本人都不怎么感兴趣。如在洽谈、磋商、谈判等严肃场合中，表情要严肃认真，谈话时，目光要看往对方：听人说话时，要看着对方的眼睛。

(3) 微笑。微笑既是自信的表示和象征，也是修养的体现，同时也是身体和精神健康发育的标志。微笑能够带给人以美的感觉和享受，是人们对真善美的追求。

① 微笑训练法一：简易训练方法。用门牙轻轻地咬筷子，把嘴角对准筷子，嘴角两边都要翘起，并观察连接嘴唇两端的线是否和筷子在同一水平线上。保持这个状态 10 秒，在这个状态下，轻轻地拔出筷子之后，练习维持当时的状态。

② 微笑训练法二：细节训练方法。形成微笑需要在放松的状态下进行训练。微笑的关键就是使嘴角上升高度一致，如果嘴角歪斜，表情就不会太好看。在学习各类笑容的同时，也会逐渐地发现适合自己的微笑。

③ 微笑训练法三：辅助训练法。主要是训练面部等相关部位肌肉活动的灵活性，使微笑看起来更加自然美丽。

(4) 手势。手势是人们通过运用自己的手指、手掌、拳头和手臂上的各种肢体形式的动作变化，表达自己情感的一种特殊肢体表达形式。

① 情意性手势。这种手势的主要目的在于表达人们对于喜、怒、哀、乐的强烈情感，使其具体化。如双手合起高于胸前表示浓重的谢意、承让等。

② 指示性手势。一个指示性手势可以清楚地表明一个物体的方向、地点或某个物体。若是引导来访者，则应使用右手打招呼。使用指示性手语的正确姿势是：手指自然并拢，在同一水平，与地面成 45 度角，表示正确的方向。

③ 递接物品手势。双手传递物品给予他人是最佳方式，当双手不方便传递时，要尽量用右手，以左手递东西会被认为失礼；递给他人物品时，要把物品放在他人手中，防止物品跌落。递送尖刀、带刃或其他容易伤害别人的物品时，要把危险一侧朝向自己或其他方向，千万不要对着他人。

(5) 姿态。姿态是指容貌、神态、风格、气度等。从中国传统美学的角度来看，人们对姿态之美的赞美多于对外表之美的赞美。

①“站如松”。标准的站姿从正面看，应该全身笔直，精神饱满，两眼正视，肩膀持平，手臂自然下垂，两脚跟并拢，脚尖张开 45°～60°，身体重心落在两腿正中。

②“坐如钟”。良好的坐姿给人端庄稳重的感觉。落座时，要坚持尊者为先的原则，不要争抢，通常侧身走进座位，从椅子的左侧就座。

③“行从容”。行姿是指一个人走路时所采取的具体姿态，是以站姿作为基础。处于运动之中的体态体现了人类的运动之美和精神风貌。

④“蹲要雅”。蹲姿通常是在站立的基础上，右脚后撤一小步，慢慢下蹲，左脚全脚掌着地，右脚前脚掌着地。

(6) 举止。日常举止是优美仪态的重要组成部分，它反映在日常生活中的方方面面，点点滴滴。行为文明、操守规范都是良好品德素质的体现，会赢得别人的信赖和尊敬。不良举止和坏习惯都应当努力改正和戒掉。例如，要正确地使用智能手机。如将手机带到社交场合，应做到以下几点：降低铃声，以免惊扰他人；铃响时，寻找安静人少的地方接听，并控制说话的音量；如在餐桌、会议室、电梯等地方通话，谈话时间应尽量简短；如有同行在旁，要先道歉再接听电话。又如，不要有以下的不文明行为：随地吐痰，随手扔垃圾，当众嚼口香糖、挖鼻孔或掏耳朵、挠头皮、打哈欠，在公众场合抖腿、频频看表、指指点点等。

五、活动设计

(1) “职业人生，由我来show”职业形象设计大赛。

目的：引导学生注重个人仪态仪表，懂得在不同场合穿搭不同的服装，并且从入学开始为个人职业形象设计做好思考和准备。

形式：选手根据所抽取的职业岗位，自行搭配服装、设计形象，组织选手进行模拟面试，并对自己所搭配的服装进行现场解说。

(2) “最美微笑”摄影大赛。

目的：结合本章所讲的仪容仪表的有关内容，寻找身边的“最美微笑”，挖掘招聘背后的生动故事，引导学生提升个人综合素养，学会关注日常礼仪。

形式：每位同学准备2～3张照片，结合照片背后的故事，准备3～5分钟的演讲，由教师打分。活动评分＝演讲内容(50%)＋仪容仪表(30%)＋台风(20%)。

课后练习

1. 职业形象塑造主要包括哪些内容？
2. 男士西装4颗扣适合在什么场合穿着？
3. 仪态包括哪些内容？
4. 为做到“站如松、坐如钟、行从容、蹲要雅”，我们应分别注意哪些细节？

第十五章　诚信教育

【案例导入】

有一个王朝的国王没有孩子，他就发布了公告，试图找一个诚实的儿童作为王子继承王位，有许多小孩子来应召。国王赐予了这些小朋友每人一粒花朵的种子，三个月后谁能种出最美丽的花朵，就选谁做王子。

三个月的时间过去了，孩子们拿起一盆盆各式各样五彩的鲜花走到皇宫献给国王。只有一个小男孩，捧着一个空空的花盆，哭着对国王说道：“尊敬的国王，我每天都给种子浇水、施肥、悉心照料，睡觉的时候都把花盆抱在怀里，但是，我一朵花儿都没有种出来。”国王听了之后哈哈大笑：“诚实的孩子哟！我给你们的都是已经煮熟的种子，你当然不能种出花儿呀！”最后，这个小男孩因为诚实当上了王子。

一、学习目标

学习长大是每个人在人生道路上的必经历程。在这条道路上，成功、失败、快乐、悲伤都不同程度地记录了个人成长的深度。在这些经历面前保持真诚、心怀感恩、更勇敢地去激励自我才能超越自我。我们拥有真挚的情谊正是因为心怀感恩，和谐的社会也是因为人们拥有诚信的品质。

诚实守信原则是我们现代社会最基本的伦理规范。本章通过对诚实守信知识的学习，要求学生树立诚信意识，提升诚信素质，结合学习和生活实际感受诚信的重要性。

二、理论阐述

（一）诚信是什么

诚信是以真诚之心，行正义之事，包含“诚”和“信”两个方面。“诚”是儒家的核心思想之一，立身处世，应该以诚信待人作为根本。宋代朱熹认为：诚者，真实而非无妄之谓。"诚"是一种美好品德。做人就是应该坚持讲一句真话，做一件实事，反对虚假，信守承诺，说到做到。这是社会中人与人之间基本的道德规范。"信"是信守诺言、言行一致、诚实不欺。《说文解字》认为"人言为信"，"信"要求人们说话诚实可靠，切忌大话、空话、假话，做事也要诚实可靠。

总而言之，"诚"与"信"作为伦理规范和道德标准，是以孔子为主要代表的儒家思想和文化的核心精髓。诚信的观念对于人格的塑造和职业道德品质的培养都有着重大而深远的意义和影响。诚信的理念是每个人生命之本，诚信与精神道德一样，依赖于人的自我意识，体现的是心灵美。诚实守信不欺，重视自己的信用，强调与人相处时都应该互相真诚对待，这才是我们做人处事的根本行为准则。

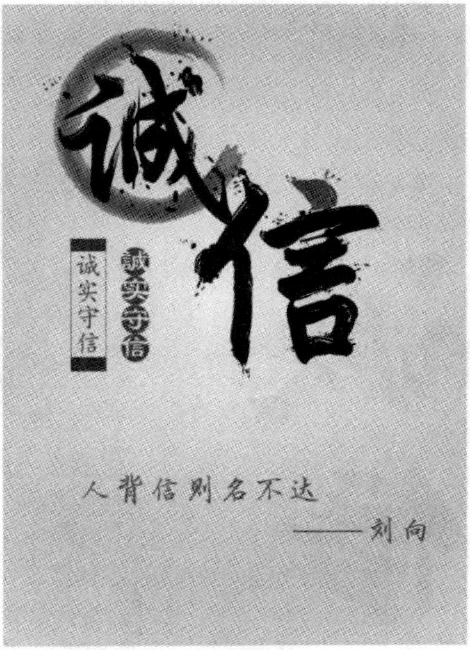

诚信名言

(二) 为什么要讲诚信

诚实守信一直以来就是中国人民的优良传统美德之一。无论在过去、现在还是未来，诚信一直都被认为是推动整个人类社会文明发展的重要动力之一。

诚信作为社会发展的黏合物，在我们的政治、生产和经济活动、国计民生、人际交往等各个方面都表现出了巨大的价值，支撑着社会主义市场经济制度的完善，促进社会信用制度体系的建设。诚信也被认为是与其他国际社会建立联系、进行沟通和参加其他国际竞争的有力保证。如果人们没有了诚信，一切的社会活动就必然是无序的，不利于人类社会文明的进步和发展。因此，人若存在，就离不开诚信。

我们以诚实守信为荣，以忘本为耻。诚实守信是我们做人的基础和根本，是一种无法抗拒的精神和人格魅力，是一种坚强的向心力和社会凝聚力。与平等、和谐、民主、自由的基本价值观一样，一个不诚信的人怎么能拥有坚强的个性和统一的自我？一个不诚信的国家和民族怎么能真正立足于整个世界和各国之间？诚信是社会进一步发展的驱动力，放弃了诚信不仅会造成个人失败，更会造成民族的毁灭。

诚信本身就是做人的一种优良品德，一个有道德品行良好的人必然也是一个诚信的人。我们之所以要讲诚信，是因为一个诚信的人会受到广泛的欢迎，不讲诚信的人则不会被人信任。子曰：“人而无信，不知其可也”，没有信用的人往往在社会中没有立足之本。无数的历史事实告诉我们，如果不愿意遵循诺言而背信弃义，就会导致信任危机，诚实可靠的品质才是为人处世的根本品格。没有诚实的品质就没有好友，诚实的人不但对好友负责，还对每个人都负责。

诚信与社会主义核心价值观

诚实是一面反射心灵的明镜；诚实是可以洗去肮脏，使精神洁净的一股清泉。一直以来，我们中华文化都在倡导以诚待人。可以这么说，诚信是我们做人的基础，诚信也是我们人类最美好的外衣，最神圣的精神和花朵。对于创业的开拓者，诚实是道路；对于博学者，诚实是智慧；对于奋进者，诚实是成功。诚实就像是一颗财富的种子，只要用心去种植，就一定会有机会找到一把打开金库的钥匙。

大学生作为我们祖国的建设者和接班人，培养诚信品质尤为重要。

提高大学生的诚信素质，在一定程度上直接关系到社会文明风尚的塑造和中国特色社会主义和谐社会的发展，影响中华民族的未来。广大大学生都要自觉地加强诚信品德的建设，把诚信做事作为一种崇高志向与做人处世的根本准则，肩负起社会主义现代化建设的重任与历史使命。

诚信也是学生在大学时期树立自己理想信仰的重要基础。只有培育诚实可靠的职业道德素养，才能够真正地忠于党和国家与人民群众的利益，坚定自己的理想信仰，坚定地走中国共产党领导的具有中国特色的社会主义道路，为实现我们中华民族的伟大繁荣与复兴而努力。

诚信教育是促进大学生全面成长和发展的前提。只有注重诚信，加强对思想道德的教育，尊重职业道德准则，不断地提高广大大学生思想道德品格，将科学文化素质和道德品质并重，才能真正实现大学生的全面成长。

诚信品质是大学生走向社会的“通行证”，唯有牢固地树立起诚信的意识和职业道德理想，努力塑造诚信可靠的好品质，才能真正成为一名高素质的人才，承担起社会责任和历史重任。

诚信插画

三、诚信的现状及原因分析

当代大学生诚信教育不仅对树立大学生诚信观念构建有重要作用，同时对创建和谐校园和诚信社会具有深远的意义。

(一) 大学生诚信缺失的现状

大学生诚信品德的主流是乐观积极的。大多数学生思想道德素质过硬，具有诚实守信的道德素质，对生活和世界有正确的认识，其能力与人才培养目标相一致，能成为高素质人才。但也发现一些学生诚信缺失，比如考试作弊，故意不还清助学贷款等。总结起来，大学生诚信缺失主要有以下几个方面。

1. 思想政治诚信缺失

在中国特色社会主义的市场经济体制中长大的当代中国大学生，受到了各种意识形态思潮的严重影响和冲击，产生思想摇摆。如存在着为了能够找到好的工作而想入党的不正确入党动机。像这种利益驱动的入党思想极易造成大学生的思想偏差，如果不加以遏制会使大学生将这种失信行为当做人生可走的捷径，加剧社会的失信风潮。

2. 学习方面的诚信缺失

“翘课”“挂科”“裸考”等已是当代大学生中的流行词汇，个别学生平时不认真学习，临考时出现的投机取巧行为是大学生学习诚信缺失的真实写照。学术造假现象频发，考试作弊现象也屡禁不止。

3. 经济方面的诚信缺失

近年来，国家对于贫困学生的高度重视和其他相关优惠政策不断出台，高校对贫困学生的各类资源方面的扶持和引导力度也越来越强。助学金、助学贷款等贫困生资助项目越来越多，扶持的对象也越来越广泛。但这样的优惠政策却给了一些学生不诚信的机会，经济诚信缺失的情况时有发生，存在着拖欠助学贷款、伪造家庭条件来骗取助学金等不诚信行为。

4. 工作方面的诚信缺失

在工作中不能准确如实地反映工作情况；欺上瞒下、阳奉阴违；工作中表里不一；不负责任、相互指责推诿、敷衍塞责；在找工作落实就业的过程中，做就业推荐的假资料、讲假话、欺骗招聘单位；不履行劳动合同；等等，都是大学生工作方面诚信缺失的表现。例：广东某市一通信企业去年成功招聘 20 余名大学应届毕业生，不到一年仅剩 1 名学生遵守承诺坚守岗位，公司不得不再次进行社招急寻优秀人才。高校应届本科毕业生频繁地毁约跳槽，已经成了许多用人单位的“心病”。

(二) 大学生诚信缺失的原因分析

导致大学生诚信意识缺失的社会因素很多，其中许多是学校、社会、家庭诚信意识缺失的体现。大学生诚信存在严重缺失，主要原因包括以下几点。

1. 外部环境欠缺

大学生失信行为主要来源于身边环境带来的影响。由于中国经济的迅猛发展，市场化的思维推动中国经济迅猛发展的同时也带来了许多社会问题。一些人行骗、制售假货，个别干部受贿、腐败等违法行为，不仅造成了社会信用危机，也不同程度地影响了社会环境。恶化的外部环境使得许多大学生不能树立正确的人生观、价值观、世界观。学生原有的单纯道德信念在一定程度上被侵蚀，严重弱化了广大学生诚信的基本观念。

2. 家庭教育乏力

家庭是孩子的第一所学校，父母是孩子的第一任老师，家庭对孩子的影响是潜移默化、根深蒂固的。现在很多家长都把孩子放在家庭的中心，从小娇惯，却没有把孩子的道德教育引向正确的方向。在日常生活中，只关心孩子的学习成绩，重视智育而忽视德育。将学习成绩当作衡量孩子能否取得成功的唯一标尺，忽略了对孩子良好道德品质的培养。一些家长在社会活动中有严重的道德失范现象，在孩子面前做违背诚信的事情，影响孩子诚信素质的形成。如果孩子注意到父母的不诚信行为，而这种行为没有受到惩罚，他们就会认为这是一种解决问题的方法，当他们评估这种行为的后果时，尽管他们认为这不是诚实的表现，但也难免效仿。

3. 学校教育滞后

诚信教育的重要阵地之一就是学校。高校的诚信教育是基于中小学的诚信教育基础上的。从小学到中学，这时期是学生成长尤其是道德品质形成和发展的黄金时期。然而，受到应试教育的影响，在此期间学校对诚信教育并未足够重视，教育的手段单一，方式枯燥，内容陈旧，诚信教育流于空洞的说教形式。

进入大学后，大学生诚信教育的实效性有所滞后，诚信教育的机制不完善，教师和管理者忽视了大学生诚信的负面影响。因为优秀的考试成绩是毕业时找到好工作的重要条件，所以个别学生为职业发展考虑，出现诸如考试作弊等诚信缺失的行为。

4. 自律意识较差

大学生由于社会阅历浅，心理发育还未成熟，缺乏对失信的危害的认识，自律意识较差，容易把一些消极的社会现象视为社会的本质，丧失了诚信的观念。大多数学生只把学业成绩和获得荣誉证书作为未来立足社会的重要条件，忽视了道德修养的重要性。同时，一些大学生的价值取向功利化，责任感淡薄。他们往往以道德原则为代价获取利益，享乐主义至上，导致信用危机。现下，校园贷乱象的产生也是大学生自律意识较差的表现。

校园贷危机

四、提升途径

切实加强大学生诚信教育可以从以下几个方面入手。

(一) 全方位、多途径地加强广大学生的诚信道德建设

增强诚实守信教育应该充分利用思想政治课在实践活动中的主渠道地位，在教学内容上与时俱进，针对当前我国经济社会中可能出现的不诚信问题，给予正确的教育和指导。在教学方法上把灌输性教学方式与讨论型、启发性教学相结合，引导学生树立诚信意识。

(二) 健全和完善对在校大学生诚信教育的约束机制

诚信教育既要充分依托于现有的规范教育，更应依托于规章制度的建设来切实加以严格约束。完善的诚信教育管理制度可以有效保证诚信观念的树立。大学生诚信素质教育的培养，除了自律的道德约束，也少不了各种规章制度的约束，二者是相辅相成，缺一不可。

(三) 构筑学校、家庭、社会三位一体的诚信教育发展模式

诚信的缺失已经成为一个严峻的社会问题，大学生诚信素质教育工作是一个系统且长期的工程，仅仅依靠高校还远远不够。大学生诚信素质教育在实践中应该充分地引起学校、家庭及社会的共同重视和普遍关注。学校、家庭和社会的教育都具有自己的特色，具有其

各自的优势，应将这三者紧密地结合在一起，形成以学校教育为主体，家庭与社会教育相辅的三位一体诚信教育体系。

总之，诚信始终是我们做人的基础和根本，对于每一位大学生而言，提升自己诚信道德的基础和素养刻不容缓。

诚信合作

五、活动设计

大学生诚信教育主题班会

班会名称：诚信为本，真诚做人。

班会主题：诚信教育。

主题班会预期目标：

通过举例和小组讨论的方式使同学们认识到诚信做人的重要性，也认识到在生活和学习中要保持诚信。

主题班会的意义：

通过诚信教育使得同学们学会诚信做人、做事，认识到诚信在每一个人生活中的重要性。

主题班会设计：

引入：诚信是什么？马克·吐温说过：诚信是诚实与勇敢的产物。可见做到诚信并不是一件容易的事情，然而谈及诚信多数人会认为那都是企业家和政治家的事情，与学生没有太大关系。

(1) 分享诚信小故事，感受诚信的重要性。

与同学们分享一个诚信小故事：2002 年 2 月，美国一所中学 28 名学生在完成一项生物课考试时，从互联网上抄袭了一些现成的材料，被任课女教师发现，她判 28 名学生生物考试得零分，他们将面临留级的危险。在一些学生家长的抱怨和反对下，学校要求女教师提高学生的分数，女教师愤然辞职。此后学校有近一半的教师表示，如果学校强求改分数，他们也将辞职。教师们认为：教育学生成为诚实的公民比通过一门生物课的考试更为重要。社会上一些公司也要求学校公布这 28 名学生的名单，以确保公司永远不录用这些不诚实的学生。

这一则故事充分说明了诚信的重要性。

(2) 讨论身边的诚信问题。

请大家讨论一下，我们学校生活中存在的诚信问题。

将全部同学随机分为 6 个小组，讨论结束后，每个小组选出一到两名同学来总结小组的讨论结果；接着请同学分享自己的诚信小故事或者失信后的心理感受。

(3) 做到诚信会有什么样的收获。

分享证券公司创业者小王的故事：当年小王替一家机器公司当推销员，半月内与 33 名顾客签订了合约。后来，他发现他卖的机器比其他公司产品的价格略贵。他想，客户知道了这件事，一定会后悔向他购买产品。于是他带了合约和订金，向每一名客户说明，请客户中止合约。小王诚实的做法令客户非常感动，没有一人废除合约，反而加深了对小王的信任，纷纷向他订货。不久，他便创立了自己的公司。请学生们谈谈诚信做人会有什么样的收获。

(4) 认识诚信的重要性。请同学们在“创诚信校园，树诚信学风，做诚信学子”的承诺书上签名，以加深同学们的诚信意识。

课 后 练 习

1. 西汉初年有个叫季布的人，为人正直，乐于助人，特别讲信用。凡答应了的事，无论多么困难，他都想方设法办到。当时流行一句谚语：“得黄金百斤，不如得季布一诺。”这个故事告诉我们一个什么道理？

2. 李同学是个很热心、豪爽的男孩，平时不论谁找他帮忙，他总是一口答应：“没问题！包在我身上了。”可是由于种种原因，他答应的事情往往不能兑现，事后也不给对方解释清楚。渐渐地，大家有事再也不愿意找他了，甚至有的同学还有意疏远他。李同学非常委屈，觉得大家都不理解他。你觉得李同学的问题出在哪里？请你出主意帮助他解决。

3. 学习完本章内容，你认为诚实做人的核心是什么？

第十六章　吃苦耐劳精神

【案例导入】

人们在大规模使用电灯前，以煤油灯或者煤气灯作为常用的照明工具。老式照明设备不仅在燃烧煤油或者燃气时，需要及时清理灯具、添加燃料才能正常使用，还产生黑烟或者臭味危害人体健康，甚至引发火灾酿成大祸。多少年来，众多科学家和发明家立志于发明一种既安全又便捷的照明工具。

十九世纪初，有一位英国科学家使用两千节电池和两根炭棒，制成世界上第一盏弧光灯。但是由于设备过于巨大，只能安装于室外大型公共场所，普通家庭因为现实原因难以普及使用。无数科学家为制造一种价廉物美、经久耐用的家用电灯而绞尽脑汁。

1879 年 10 月 21 日，世界上第一盏有实用价值的电灯终于被一位美国发明家经过长期的反复试验后点亮了。从此，被后人赞誉为“发明大王”的爱迪生，就像他发明的电灯一样，走入了千家万户。

1847 年 2 月 11 日，爱迪生出生于美国俄亥俄州的米兰镇。虽然他只受过三个月的学校教育，却创造了近 1000 多种成果，其中不乏电灯、留声机、电影摄影机等发明，为人类社会作出了重大的贡献。早在爱迪生 12 岁时，他便沉迷于科学实验之中，16 岁发明了每小时拍发一个信号的自动电报机。后面接连发明了自动数票机、第一架实用打字机、二重与四重电报机、自动电话机和留声机等。但是他并不满足于此前发明的这些专利，于 1878 年 9 月正式向电力照明这个堡垒发起进攻，决心制造出经久耐用且使用安全、成本低廉的电灯。

他从白热灯着手试验，把一小截耐热的材料装在玻璃泡里，当电流把它烧到白热化的水准时，便由热而发光。他首先想到炭，于是就把一小截炭丝装进玻璃泡里，可是刚一通电就断裂了。爱迪生拿起断成两段的炭丝问自己这是为什么呢？经过了众多的测试，他才忽然想起，“噢，也许因为空气中的氧协助炭丝燃烧，致使它马上断掉”。他意识到除了要排除空气外，最重要的问题是需要寻找一种熔点较高、耐热性较强的材料。

于是爱迪生和他的助手们找来各种材料做实验。他先后试用了钡、钛、钴等各种稀有金属，效果都不理想，但爱迪生并不气馁，继续着自己的试验。过了一段时间，爱迪生对前边的实验做了一个总结，将自己所有能想到的各种耐热材料都记录下来，数量达1600种之多。接下来，他与助手们将这1600多种耐热材料分门别类地进行试验，最终选用了钨作为耐热材料，成功实现了普通电灯走进寻常百姓家的壮举。

从爱迪生的故事中，你学到了什么？

一、学习目标

社会发展以及科技进步带来的不仅仅是生产效率的提升，同时也更加容易滋生人的惰性，而这种状况在青年一代中表现尤为明显，他们缺乏吃苦耐劳精神的情况普遍体现在日常学习和生活上。发生这种现象的原因众多，其中很重要的一项是现在大学生不能正确理解吃苦耐劳精神内涵。本章将以“吃苦耐劳”为主题，与同学们深入探讨吃苦耐劳精神在新时期对于个人成长的重要意义与价值。

二、理论阐述

(一) 吃苦耐劳的含义

吃苦耐劳是指既能忍受困苦生活，也经得起劳累，这是个人的基本价值和公共美德，无论是“故天将降大任于斯人也，必先苦其心志，劳其筋骨，饿其体肤，空乏其身，行拂乱其所为，所以动心忍性，曾益其所不能”，还是“吃得苦中苦，方为人上人”，或是“书山有路勤为径，学海无涯苦作舟”，都歌颂了吃苦耐劳的品质。现阶段，吃苦耐劳精神也普遍成为了各行各业在招聘新员工时的重要参考因素。

我们要辩证地看待“苦”和“累”。俗话说，“不经历风雨，怎么能见彩虹”，人生路途潮起潮落，经历苦累才能真正体会生活的内涵，善于苦中作乐才能达成功彼岸。“跌倒了，爬起来”，这是人们在生活中经常听到的一句话，却也是常人在困境中难以做到的事情。一个人在人生的路途中到底能够走多远，不在于他的腿有多长，也不在于他拥有多少力气，而取决于是否具有吃苦耐劳的优良品质。吃苦耐劳是成长成功的过程中不断累积起来的宝贵财富。对于“吃苦耐劳”，也许大多数人会经历“避开苦到肯吃苦，能吃苦到找苦吃”的阶段，关键是十字路口的个人抉择。

(二) 吃苦耐劳的意义

吃苦耐劳是从业者的必备素质，在一定程度上成为能否顺利择业、就业的关键因素。据调查：职业院校都非常重视培养学生的职业素质和实际操作能力，所以因技术水平差、技能缺失等被企业和用人单位辞退的现象逐渐减少，而年轻人不愿意吃苦、吃不了苦是企业和用人单位当下较为犯难的问题。据企业反馈，在就业招聘会上企业更青睐能吃苦耐劳的学生群体，例如退役军人、农村大学生、非独生子女等，最不愿意招收的就是不能吃苦的“瓷娃娃”。当代大学毕业生中缺乏吃苦耐劳精神的学生群体占据相当大比例，主要表现如下：选择岗位和工种时挑肥拣瘦，不能较好地自觉服从企业安排，不能与同事和睦相处，遇事斤斤计较等。

吃苦耐劳是磨炼学生良好素质的基础，所以大部分同学是在吃苦耐劳中成长成才。实践证明，吃苦耐劳能培养从业者持之以恒、坚持到底的毅力，能够让大学生以积极的态度、坚韧的品格，去收获属于自己的幸福人生，而生活中好逸恶劳的人，往往会离幸福越来越远。

吃苦耐劳能够培养人们热爱生活、珍惜生活的优良品格。能吃苦是一种极其可贵的资本，没有经历饥肠辘辘的痛楚，便不会明白一粒米的珍贵，更不会知道那些被骄阳晒成黝黑皮肤的劳动者的可敬，当然更无从感受饿得天旋地转时的可悲和伸手乞讨时的可怜。没有尝过寄人篱下的滋味，经不起一点风吹雨打，正是现实生活中一些年轻人的普遍特征。家人过分溺爱让他们缺少了敢于吃苦、能够吃苦的精神，过于安逸的生活常态让他们失去了克服困难的勇气和信心。唯有教育引导年轻人懂吃苦，能吃苦，才可以真正培养出年轻人热爱生命、珍惜美好生活的观念。当今世界各国都在尝试让年轻一代懂得吃苦，学会吃苦。例如以色列家长在孩子小时候就让他们接受劳动的价值教育，学校为培养学生独立生存的社会适应能力，特别规定学生在毕业前必须自食其力一周方能予以毕业。虽然毕业条件近乎苛刻，但学生能够从中获益，众多家长也对这项活动持赞同态度，没有一位“拖后腿”“走后门”“搞小动作”的，所以这些小朋友从小就会通过给邻居或父母修剪草坪、送报赚取零用钱，并以此为乐。

(三) 吃苦耐劳的基本要求

作为当代大学生，处理职业抱负和理想职业的关系时，要树立“吃苦在前，享受在后”的观念，不能因为日常生活中的困苦而选择退缩。“不能输在起跑线上”这句话被多少人奉为准则，然而又有多少人明白“吃苦耐劳”也是一条起跑线。今天所能做之事勿候明天，自己能做之事勿候他人。

如今职场竞争激烈，所谓竞争，归根结底就是综合素质的竞争。假设求职者吃不了苦耐不得劳，成了职场上的“瓷娃娃”，实际上是自己封闭了自己的发展空间。同时吃苦耐劳也是一面镜子，照出了一些大学生眼高手低，言行脱节，受到一点批评便百般辩驳，稍遇挫折就怨天尤人的真实状态。所以大学生只有养成吃苦耐劳的品质，方能在职场里站稳脚跟，进而努力奋斗出属于自己的天地。

从业者要正确处理职业与个人成才的关系，发扬吃苦耐劳的精神，脚踏实地，艰苦奋斗，立足岗位成功成才。如果想养成积极进取的精神，自身既要做到能吃苦，也要有勇于面对困难挫折的态度。吃苦耐劳是成功的秘诀，那些能吃苦耐劳的人，很少有不成功的，这是因为苦吃惯了，便不再把吃苦当苦，能泰然处之，遇到挫折也能积极进取。

三、吃苦耐劳的现状及原因分析

从古到今，中华民族都把吃苦耐劳作为衡量一个人品质的重要因素，吃苦耐劳作为一种坚韧不拔的品质和精神受到人们重视。但就目前情况来看，大学生在吃苦耐劳方面还存在以下问题。

（一）校园活动注重学生专业知识和技能的培养，缺少对吃苦耐劳品质的引导

由于受专升本、专业职业等级证书、英语等级考试、计算机等级考试等相关知识和技能考核的影响，目前开展的活动大多都是以如何提升学生的技能知识水平为切入点，而针对学生综合素质、道德修养开展的活动较少。高校是大学生成长的摇篮，要通过课堂思政、素质教育实践学分、第二课堂等途径，营造良好的氛围，在教与学的过程中，鼓励学生从点滴做起，从小事做起，全面引导同学们提升吃苦耐劳的能力。

（二）开展社会实践活动的途径受限，学生无法在充分的实践中培养吃苦耐劳的品质

实践是检验真理的唯一标准。目前大学生吃苦耐劳的品质最终还得在社会这个大熔炉中才能被检验、磨炼出来，而高职院校开展社会实践活动形式主要有看望老红军战士、社区义务劳动、扶贫地区调研、“暑期三下乡”等，但是能参与这些活动的人数并不多，真正受到磨炼的同学较少。结合当今社会对于大学生吃苦耐劳精神的要求，院校在开展社会实践活动方面，应当进一步拓宽实践渠道，让学生早日接触社会，和社会、企业在生产实践中共同培养学生的吃苦耐劳的品质。

(三) 就业中缺乏吃苦耐劳品质，严重影响个人职业发展

当今大学生在初次就业过程中被辞退或主动请辞的主要原因之一就是缺乏吃苦耐劳的品质。不少学生还没有度过实习期、试用期，就频繁更换工作岗位，并把这种频繁更换工作的方式错误地当作是进入理想职业的跳板。学生在初次就业中往往功利性较强，缺乏应当具有的吃苦耐劳品质，在职业成长和发展过程中过分追求眼前利益，希望利用最短的时间和最便捷的途径取得预期的理想目标。而当今形势下，用人单位在人力资源培养和储备方面，普遍希望通过企业自身的培养来进行人才结构调整和人力资源储备，很多毕业生在无形当中初步选择岗位就和用人单位的人才储备培养计划有了较大的出入，从而造成了大量毕业生通过频繁跳槽来适应岗位，这对个人职业发展极易造成阻碍。同样毕业，有的人经过几年的职业发展和沉淀能够取得很好的成就，有的人却发展平平。形成差异的原因是多方面的，但吃苦耐劳品质是其中最重要的因素。通过对多所学校毕业生的就业轨迹跟踪情况进行调研，我们了解到在职业中发展得较好的毕业生普遍都是在工作中能吃苦耐劳的人，他们任劳任怨，适时抓住机会表现自己，并能根据企业的发展需求和自身的提升需要进行有针对性的学习，积累相关专业知识，从而让自身获得全面提升。

四、提升途径

(一) 从日常生活习惯抓起，从点滴培养学生的吃苦耐劳品质

明代冯梦龙辑《警世通言·玉堂春落难逢夫》里说："十年受尽窗前苦，一举成名天下闻。"每年都会涌现一批"成功学生"的典型事迹，他们成功的背后都隐藏着一段充满艰辛的苦难经历。比如我院获得全国首届"互联网＋"快递大学生创新创业大赛金奖的同学们，他们为了准备比赛，不但放弃了周末和假期，顶着 40℃的高温深入企业进行调查研究，并且购买了大量学习资料，结合书本知识去了解快递物流行业的发展形势。然而，怕苦的人是承受不住这些的，自然也就无法获得成功。当今的毕业生，在初次就业过程中往往考虑更多的是工作环境和企业周边的配套设施，以及进入企业后的晋升空间和速度、薪酬待遇等方面，表现出来的功利性很强。为了更好地做好学生的学习生涯、职业生涯和就业指导工作，我们更应该从早抓起，从日常的点滴抓起。在学生进校后，就结合专业特点，邀请行业专家、企业经理到校给学生上行业就业指导课，让学生明确各行业发展的方向和前景以及行业对人才的要求，特别是行业对吃苦耐劳品质的要求。此外，针对目前学生大多缺乏锻炼的特点，还应通过组织集体早操锻炼和晨读的方式，让学生在日常生活中养成持之以恒的好习惯。同时，还应组织学生利用寒暑假的

时间积极参加社会实践活动，通过接触社会、走进社会，锻炼学生的吃苦能力、抗压能力，从而磨炼学生吃苦耐劳的品质。

(二) 以专业见习为切入点，让学生充分认识吃苦耐劳品质的重要性

我们常说要“对自己狠点”，主动经受磨难。没有经历过风雪的果实不会甜美，没有经历过苦难的人生不会完整。《头悬梁锥刺骨》故事中的主人公孙敬“好学，晨夕不休。及至眠睡疲寝，以绳系头，悬屋梁”，因为吃得苦中苦，他博学多才，成为一名严于律己，在个体发展过程中有所成就的大学问家。“对自己狠点”就是一种优秀品质，如为了有一个好身体，不畏艰难且加倍地付出努力锻炼；为了提高英语水平，每天背诵若干词汇；为了熟练掌握专业技术，打好技术基础，实习或就业时主动要求每天利用工余进行两小时的强化练习。“对自己狠点”最大的好处就是可以夯实基础，在用人单位最基层的岗位起步时放纵自己的人，我们相信从结果上来说一般不会有大成就，也通常体会不到真正的幸福。所以，我们可以通过组织学生深入企业进行专业学习，通过用人单位人力资源部对企业文化和对公司组织构架的讲解，让学生对个人职业生涯规划有更深层次的了解和认识，同时能更直观地认识到企业在人才培养方面更注重员工的吃苦耐劳品质。此外，通过对用人单位岗位的实际调研，让学生对实际工作环境有更为清晰的认识，而不是仅仅通过硬邦邦的文字描述了解。同时，通过企业工作人员现场操作的展示和示范，让学生认识到高技能的掌握不仅需要书面知识，还得看有没有勤学苦练，敢于吃苦的工匠精神。正是有专业见习对吃苦耐劳品质的感性认识，学生对吃苦耐劳品质在个人职业生涯中的重要性有了更加深刻的理解，从而为职业发展奠定基础。

(三) 以专业实习和勤工俭学为载体，切实加强对学生吃苦耐劳品质的培养

专业实习是毕业生就业前知识、能力、素质的一次全面锻炼。通过专业实习，学生可以体验真实的工作环境，了解企业的用人标准，感受企业文化，熟悉企业经营管理模式，增强自身的适应能力，并提高自身的职业综合能力、技术应用能力及就业竞争实力。专业实习更是检验教学成果非常重要的一环，同时也是学生走出学校，适应社会的重要过渡阶段。组织学生参加专业实习，可以提高他们学以致用的能力，增强他们适应社会的能力。真实的工作环境让学生有机会直接接触工作岗位，这也为全面检验吃苦耐劳品质提供了平台。通过磨炼，学生可以训练自己的专业技能，提高实际工作能力，增进对企业的了解。同时，企业也可结合实际的工作情况，考察学生的表现，有针对性地进行培养，从而促进学生个人的职业发展。据勤工俭学调查显示：每年的岗位申请都是“一头热一头冷”，比如：图书馆书籍管理、计算机房维护员岗位很热门，与体力劳动相关或者片面认为丢面子的岗

位则需要多次给学生做工作才有人申请。至于打扫教学楼卫生间、食堂打杂的岗位从来都无人问津。家庭贫困的学生宁愿忍受生活的拮据也不愿从事他们认为“丢面子”的工作。“丢面子”的思想是虚荣、与人攀比的表现。勤工俭学的同学在选择岗位时本应考虑的是“哪个岗位需要我”，可他们考虑的却是“别人会选择什么岗位”“全校那么多学生只有我做这件事情，大家会不会看不起我”等问题。现实中，每个人都有不同的生活处境，要从实际出发，有自己的生存及生活方式，一味地按照别人的标准来要求自己，只会徒增不必要的烦恼。

(四) 居安思危，以就业指导为途径

居安思危就是指任何时候都要树立忧患意识和危机意识，要拥有强烈的使命感和责任感。如：学生时代就要认识到“如果不努力学习，将来难以立足社会”；虽然家庭条件优越、衣食无忧，也要认识到“如果从小不自立、自强，将来可能会被社会淘汰”；虽然身体健康，也要认识到“如果不坚持锻炼，年龄大了就会疾病缠身”。中华民族是一个有着忧患意识的民族，从孟子的“生于忧患，死于安乐”，到欧阳修的“忧劳可以兴国，逸豫可以亡身”，到毛泽东的“只有人民来监督政府，政府才不敢懈怠，只有人人起来负责，才不会人亡政息”等，都是从治国安邦的成功经验和人亡政息的沉痛教训中总结出来的警示格言，是中华民族强烈的忧患意识的真实写照。居安思危可以增强大学生克服困难和战胜困难的勇气和决心，使他们为了美好的未来而挑战眼下的苦难，把困境当成机遇。学生在初次就业过程中，往往表现出对个人职业生涯规划、职业发展的迷茫，而个人职业发展是一个长期的过程。为了有针对性地开展学生的就业指导工作，树立其居安思危的意识，高校应对毕业生做全面的指导和全程的跟踪。学生在初次就业过程中，往往遇到一些困难，吃了一些苦，受了一些委屈，就产生打退堂鼓的想法，此时对学生进行就业指导工作，提高学生就业稳定性，让学生在职业上取得长足的发展显得尤为重要。就业指导人员应始终坚持全程做好学生的就业指导，特别是在学生走上工作岗位后，长期为学生做心理疏导和吃苦耐劳品质养成的引导，为学生排解职业生涯中的疑惑和困难，让学生毕业后能走得出去，稳得下来，真正成长起来。

五、活动设计

(1) 素质拓展。

目的：通过开展具体的户外实践活动，让学生体验艰苦的环境，培养吃苦耐劳的品格。

形式：组织一次班级素质拓展活动，选择艰苦的环境，培养学生吃苦耐劳、坚韧不拔的意志品质，营造紧张的气氛，培养学生沉着冷静、机智果断、结构健全的个性心理。

(2) 开展“大家说一说”活动。

目的：让学生通过细心观察，感悟生活的不易，明白吃苦耐劳的重要性。

形式：请学生讲述他身边吃苦耐劳的典型人物或事迹，以此切身感受吃苦耐劳精神。

课后练习

材料一：下面是一个初中生的日记。

在家长和老师的眼里，我是个勤奋刻苦的孩子。

可是我在生活上太依赖父母了，平时除了看书、写作业，父母从来不让我做任何家务。有时候我想主动做一些家务，父母立即制止并让我去学习。从内心讲，我不愿意在生活上再受父母过多的照顾和干预，有时甚至产生厌烦情绪。但我知道父母是为我的前途着想，他们是为我好，所以我努力地压抑自己，顺从父母的安排。

材料二：山东某大学大一新生王文韬开学报到比其他同学多了一份特殊的行囊——一份和父母签订的金额为1.6万元的借款协议。协议内容是：“今王文韬从父母处共借款一万六千元，其中包括高三下半年生活费、学费4000元，高考结束后的驾驶培训费、服装费共计4000元，大学学费、住宿费、生活费共计8000元。大学毕业后尽快归还。”王文韬说：“这份协议对我是一种积极的鞭策，它时刻提醒我，父母培养我付出了艰辛的劳动。作为一个成年人，一个自强自立的男子汉，没有任何权利乱花钱，去挥霍父母的劳动所得。这份协议更促使我要始终保持一颗感恩的心，激励自己奋发学习，回报父母的养育之恩。”

1. 你怎样看待材料一所述的事？如果是你，你会怎么做？
2. 你赞成材料二中父母的做法吗？假若是你，应该怎么办？

第十七章　沟通表达的技巧

【案例导入】

小贾是公司销售部的一名员工，为人比较随和，不喜争执，和同事的关系处得都比较好。但是，前一段时间不知道为什么，同部门的小李总是处处和他过不去，有时候指桑骂槐，有时候将合作的工作任务推给小贾，甚至还抢了小贾的好几个老客户。

起初，小贾觉得都是同事，没什么大不了的，忍一忍就算了。但是，看到小李越发嚣张，小贾一赌气，告到了经理那儿。经理把小李批评了一通，从此，小贾和小李就成了绝对的冤家了。

请问小贾一味地忍让是不是好办法？

试想如果经理不直接批评小李，会不会有其他结果？

一、学习目标

沟通表达能力是每一个人都必须掌握的基本能力之一，是学习、生活和工作的必备素养。本章旨在通过介绍人际沟通的内涵、有效沟通的原则与技巧等内容，引导学生熟练掌握并运用各种交谈技巧及沟通方式，学会非语言表达，从而提升学生的语言表达能力和沟通协调技巧，为学生更好地展现能力、施展才华奠定基础。

二、理论阐述

沟通能力是现代人的基本素质和综合能力之一。现代沟通学认为，沟通是为了满足人发展的需要，是人们借助于共享语言与肢体语言系统，通过各种交流平台和环境，对大脑意识和思维活动中的知识、观点、感情、愿望、态度、观念等方面的信息进行传递、交换的社会行为活动过程。

对沟通的完整理解应该包括以下几个方面：

(1) 信息传递是进行沟通的首要前提。

(2) 信息的充分准备是形成有效沟通的必要条件。

(3) 沟通是一个双向、互动的反馈和理解过程。

沟通是一种本能，更是一种能力，它可以通过有意识的训练、学习、实践得到不断提升。沟通能力涉及大学生在校学习与生活等方面，对大学生的身心健康、人格健全、人际关系以及综合能力提升都起着至关重要的作用。良好的沟通能力是形成良好人际关系的首要保障，是学生在校学习、生活的重要技能，更是将来进入职场的必备能力。

三、沟通能力的现状及原因分析

00 后的大学生伴随着世界经济全球化、一体化的浪潮出生，互联网缩短了他们与外界的距离，拓展了他们的视野，培养了他们接受新鲜事物的能力；另一方面，有些大学生很小就成为留守儿童，在父母亲情缺失的情况下长大，情感十分脆弱。这两方面的因素导致他们产生迫切交往的需要。

(一) “孤独的一代”——00 后的宅化生活

00 后大学生多为独生子女，家长的溺爱让他们养成了以自我为中心的习惯，加之从小的生活环境和交往群体较单一，使得他们对事物的认识偏简单化、情绪化，缺少主见，甚至较为厌烦人际交往。进入大学开始集体生活后，有的学生渴望结交更多的朋友但又敏感脆弱，多次受挫后往往放弃尝试，选择宅在宿舍或者宅在家里，成为宅男宅女。这种以自我为中心和逃避现实的宅化现状，极大地影响了大学生人际沟通交往的能力。

(二) “网络的一代”——00 后的虚化生活

成长在网络时代的 00 后大学生，接受新事物的能力比 90、80 后的大学生更强，网络原住民具有独到的见解和自由的思想，敢于挑战规则，有勇气违背父辈不合理的意愿，对于学校的规章和言论也敢于提出质疑。大部分 00 后学生依赖网络获得资讯，依赖网络成为各个社交圈的活跃分子，通过网络世界中的互动实现人与人的跨空间沟通。有的大学生沉醉于这种虚化的满足感，但在现实交往中或逃避或不知所措或屡屡受挫。

(三) “自由的一代”——00 后的文化生活

在传统的社会教育模式下，文化知识通过言传身教的方式进行，师长的权威是绝对不容置疑的，因而学生在接受和传播文化时大多人云亦云，缺乏批判精神和个性见解。而在 00 后学生的成长过程中，接受文化知识传播的途径是多渠道、立体化的，他们充分享受着改革开放带来的多元化文化成果和来自国外的文化价值观念、行为规范、道德伦理和生活方式。他们已经从传统“直线型”的学习成长模式跨越到现代“网络型”的学习成长模式，这就使得他们对文化价值的理解呈现出多元化的特点，表现为力争摆脱文化权威的束缚，自由地表达见解、张扬个性。

（四）“贫乏的一代”——00后的语言生态

在校大学生普遍存在语言表达能力贫乏的缺陷。据中国社会调查所的一项调查问卷显示，32%的同学在“撰写课程论文时常出现无从下笔”的现象，“不习惯与陌生人聊天”的同学占31%，认为自己“语言表达能力较强”的同学仅占25%。语言表达不佳、临场心理紧张、表达欲望不强等是大学生语言生态的主要特点。究其原因主要有：大学生受网络文化影响较深，语言表达“三次元”化，缺少传统文化积累和文化素养培育；学校缺少与语言表达的有关课程。这些对学生的表达能力培养和全面发展都有直接的负面影响。

四、提升途径

（一）注意沟通表达的技巧

(1) 明确沟通目的。沟通双方在沟通之前必须弄清楚沟通的真正目的是什么，要对方理解什么。只有先确定了沟通目标，才能更好地准备和规划沟通内容，才能避免因自卑和自负造成的沟通障碍，进而赢得他人的理解。

(2) 保持积极健康的心态，进行换位思考。在人际交往中，要做到“己所不欲，勿施于人”，经常进行心理换位。要保持良好的心态，做到积极主动、不卑不亢、平等真诚，这样才能避免因自卑和自负造成的沟通障碍，进而赢得他人的尊重。

(3) 选择恰当的时间地点进行沟通。要选择对方清醒的时间传递信息，传递信息时做到有张有弛、疏密得当，让接收信息的人感到轻松愉快。另外在地点选择上要尽量减少干扰因素，使沟通双方感到轻松自然。

(4) 正确运用语言。发送者应根据接收者的心理特征、知识背景调整谈话的方式和措辞，在沟通中做到选词造句准确恰当、中心鲜明、思维严密、语言流畅、语气语调恰到好处，尽可能让沟通达到最高效。

(5) 尊重他人的观点和意见。在沟通中，无论自己是否同意对方的想法，都要学会尊重对方，等倾听完对方的观点和意见后，可在沟通中将自己的观点与对方进行交换。

(6) 坚持实事求是，以理服人。在人际沟通过程中，说话办事要实事求是，言论行为要符合社会规范。发生矛盾时，最好的办法是避开对方最有力的攻击，寻找薄弱的环节，有理有据地进行反击，以理服人。

(7) 以情动人。在人际沟通中，要善于驾驭自己的感情，根据不同的人、事、环境、氛围，恰当地、情真意切地表达自己的喜怒哀乐，以便打动对方。

(8) 积极反馈。无论别人用怎样的词语表达自己，都应用心体会其感受，在沟通中适时、主动地表示理解，以形成情感的共鸣，这也是达成有效沟通的重要因素。

(二) 提高团队的沟通技巧

一个优秀的企业，强调的是团队的精诚团结，如果团队成员齐心协力，往往事半功倍；如果团队内部沟通不好则会出现矛盾，形成内耗，影响团队的正常运转。以下是一些企业提高团队沟通技巧的方法，供大家借鉴。

(1) 聊天法。奥田是丰田公司第一位家族成员之外的总裁，他将日常生活之外三分之二的时间都交给了丰田。其中三分之一的时间与公司里的员工聊天，聊最近在工作和生活上遇到的困难；另外三分之一的时间用来走访经销商，和他们聊业务，听取他们的意见。看似简单的聊天让奥田收获了公司员工的爱戴。

(2) 制订计划法。爱立信是一个百年老企业，每个员工每年都会有一次和人力资源经理或主管经理面谈的机会。员工在上级的帮助下制订个人发展计划，这不仅能帮助员工跟上公司的业务发展，还能让员工感受到自己备受尊重，从而提高了员工对公司事务的热情和参与度。

(3) 培养归属感。美国的思科公司，创业时员工的工资并不高，但员工都很自豪，因为公司经常购进一些小物品如帽子等，给参与某些项目的员工每人发一顶，让员工感受到他们工作的附加值以及公司对他们的重视，进而产生归属感。

(4) 口头表扬法。表扬法被认为是当今企业中最有效的激励办法，也是企业团队中一种行之有效的沟通方法。日本松下集团很注意表扬员工，创始人松下幸之助如果碰上进步快或表现好的员工会立即给予口头表扬，如果他不在现场则会亲自打电话表扬。

(三) 沟通中的倾听技巧

西方语言中倾听是接收口头和非语言信息，确定其含义并对此作出反应的过程。中国也有句老话："说三分，听七分"，可见在语言沟通中，会听比会说还重要。"用十秒钟讲，用十分钟听"，良好的倾听技巧有助于增长知识和经验，获得重要信息，提高工作效率。要想实现有效倾听，可以从以下几个方面看手：

(1) 创造有利的倾听环境。尽量选择安静平和的环境，使接收者处于身心放松的状态。

(2) 对话题感兴趣。在倾听过程中，要注意端详对方的脸、嘴和眼睛，将注意力集中在说话者身上，展现出对话题非常感兴趣的样子，这样能帮助你倾听，同时也能让对方相信你在倾听。

(3) 心态平和。倾听是针对信息，而不是针对传递信息的人，当谈话内容与自己的观念相冲突时，要理性认识对方的观点，包容对方的不同意见。

(4) 保持耐心。在倾听过程中不要打断对方说话，不要产生争论的念头，要注意你们只是在交流信息，而不是参加辩论赛，争论对沟通没有好处。

(5) 不要过早作出判断。抑制住自己心中的冲动，放松心情，不要过早作出判断和结论，因为当你心中对某事作出判断时，就不会再倾听他人的意见，沟通也会被迫中止。

(6) 不以自我为中心。在沟通中，要把注意力集中在对方身上，这样有助于进行倾听；反之，则容易造成倾听过程的混乱。

(7) 随时做笔记。做笔记不但有助于倾听，还能帮助记忆，也能使对方觉得受到重视。

五、活动设计

(一) 口述绘图

目的：通过活动设计，让大家思考如何进行有效的语言表达，让别人理解自己的想法，达到沟通的目的，进而增强团队凝聚力，增进同学之间的感情。

形式：每位同学准备纸和笔，两人一组展开活动。选择一些较为简单的几何拼接图，一人负责口述，一人负责绘图，口述结束后，比较绘图者绘制的图和描述者原图的差异。

注意：在此活动中，口述方负责表达所见的图，不准给对方以暗示，只能问对方是否完成了绘图；绘图方只能将对方口述的图案画在纸上，不能提问。最后根据比较差异，一起讨论如何用有效的语言表达才能使对方理解。

(二) 人际矛盾 AB 剧

目的：通过对学生中常见的矛盾进行演绎，让学生能够深刻了解生活中可能出现的矛盾点，同时通过分析沟通的技巧帮助其合理化解这些矛盾，进而帮助他们在实际生活中建立良好的人际关系。

形式：根据一些常见的人际矛盾问题，选取其中最具普遍性的情景，请两三位成员来表演。教师在每一个场景后就“解决人际冲突的基本方法”组织集体讨论。例如，如何改变对关系冲突的消极看法；怎样以合作代替竞争，实现双赢；如何做到换位思考，宽以待人；怎样真诚地表达自己的意见和需求等。

1. 生活习惯难相容

情景一：小黄每天早晨都喜欢开窗换换新鲜空气，而其他室友却觉得小黄在影响大家的睡眠，所以一起指责他。而小黄却认为，室友们不注意作息，很晚才入睡，严重影响自己的休息，并影响自己晨起换气。

情景二：有的同学习惯早睡早起，有的则相反。晚睡的学生不愿关灯，或是煲“电话粥”不注意控制音量，或是用电脑时还开音箱，或是键盘声过大，惹得早睡的学生甚是恼怒。第二天，早起的同学有意无意地提高洗漱声音，吵醒还在睡梦中的室友。

2. 金钱问题伤感情

情景一：舍友没有生活费了，于是开口向小张借 50 元。抬头不见低头见，怎么好不借呢？小张犹豫再三后，还是借出了钱。但是一个月的约定期限到了，舍友总是不提还钱的事。小张为这事心里矛盾极了，总忍不住想，这钱不是很多，要了会不会很伤感情啊，可是不要回来的话，自己的生活费也不是很宽裕。就这样过了几天，小张感觉自己与舍友的交往受到了影响。

情景二：寝室里除了小李，其他人都买了电脑，而且大家都设了密码，仅供私用，但多消耗的电量却不由个人承担。对此种种，平时“耗能少”的小李不愿接受，于是和室友们在分摊寝室电费的问题上发生了争吵。

3. 公共责任谁来负

公共卫生总是宿舍里最麻烦的事，“都有责任”总会被那么几个人理解为“都没有责任”。作为寝室长的小刘诉说了他的苦衷：我们寝室就有几个同学做得特别差，从不打开水，从不扫地，从不注意个人卫生，不仅懒，还常常要享受。作为寝室长，小刘开始想着帮他们多干点没啥，时间久了，心里觉得特别不平衡，为什么他们那么缺乏起码的集体观念？为什么他们就该坐享其成？可他一管，不仅起不到根本的作用，反而使矛盾闹得更大了。

4. 隐私问题

学生小王跟宿舍的人大吵了一架，原因是自己桌上的书被舍友翻动了。小王找朋友诉苦：“我就是不喜欢别人碰我的东西，不喜欢别人看到什么。”舍友们也很委屈，只是想看看小王平时看的书，怎么就不行了呢？哪有这么小气的人啊！何况他们的关系那么好！

课后练习

1. 00 后大学生在沟通表达方面的现状如何，为什么？
2. 常见的沟通表达技巧有哪些？
3. 如何提高团队的沟通技巧？
4. 如何实现有效倾听？

第十八章　领导力与团队精神

【案例导入】

四大名著之一的《西游记》，因个性鲜明的人物、传奇的故事情节、博大精深的文化等，备受读者欢迎。阿里巴巴创始人马云曾公开表示欣赏唐僧团队，强调明星团队要以唐僧团队为蓝本。为什么存在诸多缺点的大杂烩团队，可以完成西天取经的惊世伟业？如何向唐僧团队学习西天取经、修道成佛的智慧？这些问题都值得当代大学生深入思考。

一、学习目标

领导力是一个成功者应具备的能力，而在一个组织或者部门中，团队精神显得尤为重要。本章旨在通过介绍领导力与团队精神的概念、特征等内容，引导学生学习如何运用各种方法提升自己的领导能力，加强组织或者部门的团队凝聚力，从而有效提升自身的综合竞争力。

二、理论阐述

(一) 领导力

拿破仑·希尔说："领导才能就是把理想转化为现实的能力。"如果没有追随者，仅凭借自身的能力把理想转化为现实，这样的人只能被称为优秀的人，但不能被称作领导者。一个合格的领导者，所拥有的不仅是个人的优秀才能，还有影响身边人的能力，即人格魅力。人格魅力可以影响别人，让别人追随自己一起干，还能给身边的人力量，鼓励协助他们朝着共同的理想迈进。

1. 什么是领导力

领导力是一个人的个性和洞察力。领导能力不是天生的，完全可以通过后天的努力获得。因此，领导者要想成功带领团队，首先必须提升自己。一个具有领导力的大学生必须拥有良好的个人品质，能得到身边人的信赖，并能积极地与他人进行良好的沟通。

一个大学生想要具有良好的领导能力，可以先从做一个聪明的团队成员做起。一个聪明的团队成员不仅能够机智地跟随领导者，还能从领导者那里获得知识、汲取力量。而一个优秀的领导者必须具备毫不动摇的勇气、良好的自制力、强烈的正义感、坚定的决心、具体的计划、迷人的个性、知己知彼的能力、同情心与同理心、强烈的责任感、良好的沟通能力、敢于冒险的精神等。

2. 领导力的特征

(1) 积极进取。积极进取包括对成功的强烈欲望和不断努力提高的决心。积极进取的人具有雄心、抱负、精力、毅力、主动性。在团队中，高层管理者成功的欲望与组织的增长率表现出了高度的相关性。

(2) 强烈的欲望。伟大的领导者不仅有进取精神，而且还有领导团队的愿望，有强烈的权力欲望，喜欢领导别人，而不想被人领导。强烈的权力欲望促使他们试图去影响别人，并在领导过程中获得满足和收益。领导者将激发更多信任、尊重和对远景的认同。

(3) 正直。正直即是言行一致、诚实可信。正直除了是个人较重要的性格特征外，对领导者来说更重要，因为这个特点能获得别人的信任。

(4) 自信。自信是非常重要的。领导者角色是具有挑战性的，而遇到挫折是难免的，自信能让领导者克服困难，在不确定的情况下敢于做出决策，并且能逐渐将自信传递给其他人。

作为一个成功的领导者，不仅要学会团队分工，还必须要让团队的成员具有独立自主完成自己工作任务的能力，而不是事事亲力亲为。一个领导者优秀不代表一个团队优秀，只有带领好团队，认真培养团队成员并成功完成任务，才是一个成功的领导者。这样的大学生才真正具备优秀的领导力，这样的团队才会有坚不可摧的团队精神！

(二) 团队精神

一个专家曾经在新疆乌鲁木齐市为大学生做考研经验交流报告，他提到：“一个宿舍的同学可以买不同的复习资料，然后轮流看，既可以节约资金，还可以强迫自己抓紧时间学习”，结果引发全场哄笑，大学生们觉得这种做法不可思议。原因是什么呢？因为他们认为每本资料上都记有自己的学习体会，这是秘密武器，不能共享。现实与目标之间的差距在警醒我们，培养大学生的团队精神至关重要，而且势在必行！

我国教育界最先积极关注和明确倡导“知识经济”新观念的知名人士——杨福家院士提出：“在知识经济的大背景下，要训练学生与人共事，要讲究团队精神。只会孤军奋战的人，已不适应今天的形势。”就目前大学生的情况来看，许多学生集体观念淡薄，缺乏与人合作的意识与能力，不适应集体生活。

那么，什么是团队精神？

团队精神是大局意识、协作精神和服务精神的集中体现，其核心是协同合作，反映的是个体利益和整体利益的统一，进而保证组织的高效率运转。

团队精神的形成并不要求团队成员牺牲自我，相反，挥洒个性、表现特长保证了成员共同完成任务目标，而明确的协作意愿和协作方式则产生了真正的内心动力。团队精神是组织文化的一部分，良好的管理可以通过合适的组织形态将每个人安排至合适的岗位，充分发挥集体的潜能。如果没有正确的管理文化，没有良好的从业心态和奉献精神，就不会有团队精神。

1. 团队精神的核心：团结协作，优势互补

团队精神强调的不仅是一般意义上的合作与齐心协力，要的不是“1 + 1 = 2”的效果。一个团队要发挥自身优势，其核心在于团队成员要在工作上加强沟通，利用个性和能力的差异，取长补短，发挥积极协同效应，带来“1 + 1 > 2”的效果。多种社会实践证明，两个人以上，以团队的形式相互协作、优势互补，其工作效率明显优于多人单干时效率的总和。

2. 团队精神的境界：奉献精神

在团队成员对团队事务的态度上，团队精神表现为团队成员在自己的岗位上尽职尽责，主动积极地为了整体和谐甘当配角，在利益权衡中以集体利益为重。但是在日益提倡个性化、讲究个人能力的今天，这绝不是件容易说到做到的事情，它体现出团队精神本身就是一种奉献精神。

3. 团队精神的两个重要组成部分：忠诚与民主

欧美国家在个体本位文化的传统上强调民主，通过调动个人的积极性、创造性，并吸收东方文化中强调忠诚与社会责任的做法，培育出了具有他们文化特色的团队精神。日本社会以强调忠诚和社会责任感的东方群体本位文化的底蕴为基础，吸收了西方的民主管理思想，形成了日本经营成功的奇迹——团队精神。由此可见，不管是西方的团队精神，还是东方的团队精神，都包含两个方面的内容，即忠诚与民主。

4. 团队精神的基础：和谐的人际关系和良好的心理素质

人与人真诚合作的前提是良好的人际关系。心理素质不好的人，也难以做到宽容理解、乐于奉献、积极进取。因此，在团队精神的培养过程中，要把团队精神与人际关系、心理素质培养紧密结合在一起。

5. 团队精神的外在形式：团结向上的精神风貌

团队都有明确的目标，实现这些目标不会总是一帆风顺。所以具有团队精神的人，时刻保持着一种强烈的责任感，并充满活力和热情，为了确保完成团队的使命，和伙伴们一起努力奋斗，积极进取，创造性地工作。

三、现状及原因分析

（一）大学生领导力和团队精神的现状

在移动互联网兴起的时代，人与人交往的方式正发生着巨大的变革，领导力的表现形式也逐渐发生改变。90后正在成为就业创业的主干力量，他们身上鲜活的时代特征在给众多企业注入一股清流的同时，也带来了苦恼。大学生们对领导力的认知现状还算令人满意——大多数学生已经意识到了领导力和团队精神的重要性，而他们在领导力和团队精神方面的实践情况则与他们自身的经历息息相关。

毕业入职的90后学生，其领导力和团队精神的现状在整体上表现出“五高五低”的特征。五高即学习欲望强烈、创新意识较好、工作节奏快速、自我实现更高、个人兴趣更浓；五低即忠诚度较低、团队精神较低、责任心较弱、抗压能力较差、职业定位模糊。

在校就读的大学生，其领导力及团队精神的现状又可以从认知和实践两个方面进行阐述。

对领导力及团队精神的认知现状：当代大学生普遍意识到在大学培养自身的领导力和团队精神是十分有意义的，在社会竞争日益激烈的今天，具有领导力和团队精神已经成为大学生不可或缺的核心竞争力。

对领导力及团队精神的实践现状：从《中国大学生领导力实践行为研究》(陶思亮，领导科学论坛，2013年第12期)可以看出，大学生的领导力实践行为得分均值总体处于中等水平，从高校水平、学历、性别、年级、是否担任干部、不同专业背景等方面都有显著差异。同时，大学生领导力的不足在一定程度上导致部分学生缺乏团队精神。

（二）我国大学生领导力素质较低的原因

1. 大学生的领导力理论知识匮乏

大学生对领导力缺乏必要的了解和认识，部分大学生对领导力的内涵理解有所偏差，甚至不认为自己具备领导的潜力，这些问题的产生均源于大学生对领导力知识的掌握程度不够。在校大学生获得知识的途径基本有三种：一是对专业课程的学习，二是对课外书籍的阅读，三是通过网络等新兴媒介获取。

从高职院校专业设置和课程配备来看，“就业指导”“创业指导”等课程只能让学生初步了解领导力的内容，缺乏系统的领导力知识体系，这将直接导致大学生无法充分理解领导力内涵。

2. 大学生的领导意识较薄弱

大学生具有的领导意识是产生领导行为的前提。西方专家曾多次指出："强烈的领导欲望或管理欲望是成就领导者或管理者的重要因素。"具备良好的领导意识能够激励大学生充分发挥主观能动性，有效提升领导力。

我国大学生的领导意识比较薄弱，具体表现在：不少大学生在校期间没有担任过任何职务，说明一些学生对社团活动、班级活动表现不积极，自我意识过强，不善于在社交场合表达自己的意见和思想，严重缺乏领导意识和责任感。与此截然相反的是，另外一部分学生积极参加班级、社团的各类活动，并在社会活动中积极表现自己，善于获取老师、同学的帮助与支持，善于组织协调，具备了较为强烈的领导意识。但具备领导意识的同时又掌握领导技能的大学生毕竟太少，高校学生社团中也只有少数同学能够成为集体活动的组织者和领导者，其余大部分同学只能被动地接受任务，这部分同学以完成任务为目标，并没有充分激发自身的领导力。

3. 大学生缺乏合理利用领导力知识的能力

大学生领导力的发挥一旦脱离领导实践是无法真正实现的。一些欧美国家的大学生领导力的培养基本采用项目运作的方式，注重课程设置，充分利用社区资源，形成了一整套严密的理论和实践相结合的系统机制。与之相比，我国在这方面起步较晚，高校尚未形成领导力的培养环境，学生缺乏有效的途径和手段将领导力知识转化为领导力技能。部分大学生接触过大学生领导力相关内容，并能够在实践活动中主动运用，这是一个很好的现象。然而实际存在的问题是，要么运用了相关的知识或技能，但没有达到预期的效果；要么根本没有使用的机会和平台，比如沟通能力和激励能力对于文、理科类的学生而言差异明显。因此，如何让大学生熟练掌握和运用领导力知识和技能，是培养和提高大学生领导力素质的关键。

4. 大学生领导力培养与用人单位人才需求存在偏差

不同性质的用人单位对大学生领导力的需求不同，国家行政机关、企事业单位、非营利性社会团体对大学生的领导力素质要求有很大区别。比如国家公务人员的领导力侧重于组织协调能力和服务意识；企业销售人员的领导力侧重于沟通能力和人际交往能力。因此，大学生进行领导力培养，应与自己的职业生涯规划相结合，找到自己的职业发展方向，有目的地培养自身领导力，才有可能在未来的竞争中获得优势。

(三) 大学生缺乏团队精神的原因

1. 学生重智育轻德育的结果

不少学生由于学习任务太重，参加团队活动的时间少，缺乏与人交流锻炼的机会，而团队意识和集体主义精神很多时候是在开展活动的过程中得到升华的。现在不少企业对大学生掌握专业知识的水平较满意，但认为部分大学生团队精神较差，不能很好地给自己定位。这是因为大学生在校期间长期重智育轻德育，缺乏与人合作的团队精神。

2. 大学生对竞争与合作的关系存在认知偏差

人类在生活实践中总是相互作用的，不同主体为实现自身利益而展开的竞争以及为实现共同利益或各自利益而进行的合作，是相互作用的两种形式。随着我国改革开放的深入和社会主义市场经济体制的建立，竞争与合作成为现代人际关系中最常见的现象。学习上、生活上充满了竞争，在能力培养和就业的选择上也存在着激烈的竞争，大学生在对待竞争与合作的问题上往往过多地强调和倚重竞争，轻视了合作，忽视了合作中竞争优势的形成和竞争中的双赢。

3. 独生子女自我中心意识的膨胀

目前在校的大学生，基本上是2000年后出生的，也基本上是独生子女。关于独生子女现象，早在十几年前就引起了社会的广泛关注，人们用“421综合征”“小皇帝”之类的话语来形容独生子女现象，表达了人们对计划生育制度下独生子女现象的某种忧虑。所以说培养大学生的团队精神对于作为独生子女的这部分大学生尤为有意义，这是因为独生子女在成长过程中受到较多的关爱，因而具有更强的自信心和自我意识。也就是说，由于独生子女基本处于家庭的中心地位，往往其自我中心意识更易膨胀，所以更缺乏与人团结协作的主动性。

4. 社会不良现象的冲击

我国社会正处于新旧两种经济体制的更迭时期，人们之间的各种利害关系、生活方式、思想观念都发生了巨大的变化。大学生对社会的体验和心理准备不充分，理想和现实的偏差往往使他们失落、焦虑，学业压力、就业压力以及社会问题造成的不公平竞争使他们对人际关系心存芥蒂。如果大学生将同伴单纯视为潜在的或者现实的竞争对手，就必然会阻碍他们与他人正常的交往。

四、提升途径

（一）大学生领导力的提升途径

1. 树立培养领导力的自我意识

大量研究和实践表明，每个智力没有残障的人都具有领导潜能，这种潜能可以通过各种形式的启发和教育得以发掘，但前提是必须具备培养领导力的自我意识，也就是主动意识，即有要求将自身领导能力进一步提升的内驱力。因此，大学生首先应通过立大志、入主流、勤读书、多实践、会操作、练意志、善提炼等方式切实增强自身的领导意识。

2. 完善自己

俗话说“实力才是硬道理”，在大学生今后的领导生涯中难免要遇到一些不服从领导的人，那么作为一个团队领导，就必须有足够的实力让他从心里佩服自己，只有这样，团队成员才有可能进一步听从领导者的工作安排。因此，要想成为一个成功的领导者，大学生在具有群众基础后，就要开始努力磨炼自己的影响力、责任感、态度、眼光、远见等品质。

大学生可以通过积极参加班级、院系组织的各项活动，给自己寻找舞台，尽量表现自己。因为只有不断参加各项活动，才能逐步发现自身的优势与劣势，及时完善自己，让自己在领导的道路上走得更加从容。此外，大学生只有通过各种实践提升自己的人格魅力，才能成为团队的灵魂领导者。

3. 重视团队意见

对大学生而言，作为一个团队的领导者，还要防止团队形成官僚作风，否则不利于团队和谐，还会打击团队成员的信心和积极性。此外，大学生作为一个领导者，并非万能，个人的经验和能力有限，切不可迷信自己，要学会听取团队成员的申诉和反对意见，对同自己唱对台戏的学生要做到兼听则明。只有让成员成为自己的镜子，取长补短，分工明确，才能得到大家的尊重和信任，所带领的团队才会将领导者视为团队的主心骨，才能团结一心追目标、求发展。大学生是未来的社会栋梁，只有拥有了良好的领导能力，才能为未来社会谋发展、促繁荣。

（二）大学生团队精神的提升途径

1. 引导大学生从日常学习和生活做起

大学校园中，一项集体活动从发起到结束的过程，往往是亲密人际关系的形成过程。在日常的学习、生活中，同学之间应经常交换思想、交流情感、相互关心，在交往中共同体验合作的快乐。团队精神归根结底就是互助精神，只有通过日常生活中经常性的互助活动才能使学生深刻领悟“我为人人，人人为我”的集体主义内涵，从而自觉摒弃自私自利、唯我独尊的个人主义作风。

2. 用合作的目标引领大学生参与班级建设

马卡连科说：“集体是个人最好的老师。”因为集体为每个成员提供了成长的环境，为每个个体的成长指明了发展的方向和努力的目标，引领个体在集体目标和共同价值观之下发奋成才。换言之，班集体是大学生成长的基础单位，是大学生最好的老师。为了班级共同目标的实现，班级成员之间在心理上彼此认同，产生一体感和归属感，集体意识增强，全体同学化心理认同为具体行动，最大限度地为集体目标共同努力，从而产生团队精神。

因此，学生干部要深入分析班级的问题和学生的需要、愿望及能力，发动全体同学进行讨论，提出符合实际和鼓舞人心的班集体奋斗目标，围绕奋斗目标安排好各项工作，并经常督促检查目标的落实情况，强化目标的引导和激励作用。

3. 有目的、有计划地发展大学生团队

高校大学生社团是开展大学生思想政治教育的重要阵地，大学生社团活动的开展有助于大学生团队精神的培养。但是目前高校的大学生社团还处于初级阶段，其出现有很强的自发性。因此，团队干部可以有计划地结合学校制度发展大学生团队，通过规划来体现教育的目的与计划性，如结合当前高校开展的“大学生素质拓展计划”与“文化素质学分制”，通过学校的设定、扶持与发展，以大学生社团组织的蓬勃发展及其有效活动的开展培养大学生的团队精神。

五、活动设计

(1) 领导力与团队精神。

目的：让学生在参与活动的过程中学会如何建立领导力，深刻领会团队合作的重要性。

形式：辩论赛。本次活动采用辩论赛的形式，由学生自己组队，队长在任课老师处抽签决定编号。针对老师给出的两个辩题进行准备，准备时间为20分钟。

辩题如下：

① “领导应该亲力亲为”与“领导不必亲力亲为”。

② “团队协作比个人能力重要”与“个人能力比团队协作重要”。

(2)“棉花糖大战”团队游戏。

目的：通过活动，让同学们感受团队的作用与魅力，明白团队精神的重要性。

形式：“棉花糖大战”团体游戏，具体要求和任务如表10-1所示。

表10-1　“棉花糖大战”团队游戏的要求和任务

时长	40～45分钟：30分钟(游戏)＋10～15分钟(分享体会)
道具	20根意面、1卷线绳、1个棉花糖、1卷胶带、1把剪刀
任务	通过团队协作，在30分钟之内创造一个尽可能高的物体，以规定时间内站立的物体高度为最终成绩。物体倒塌的团队成绩无效
具体要求	棉花糖必须在该物体的最顶端，不能切分或穿透棉花糖； 该物体要尽可能高； 支撑结构需要独立，不能倚靠所提供物料之外的物体； 只能使用提供的材料进行构建，胶带只能用于连接材料，不能用于将材料粘在桌子上； 意面可以分段使用，线绳、胶带可以剪开； 该物体要能站立至少30秒

课 后 练 习

1. 目前大学生的领导力及团队精神的现状如何？造成这种现状的原因有哪些？

2. 大学生如何提升领导力和团队精神？

3. 根据自己参与的团队(包括班级、社团、院系干部团体、兼职所在单位等)以及在团队的位置，写出自己对所在团队的了解，认真思考作为团队成员应采取何种方式加深对团队的感情。如果自己是这个团队的负责人，又该从哪些方面着手提升自己的领导力。

第十九章　社交礼仪与仪表修养

【案例导入】

(1) 这位是XXX公司人力资源部的张经理，他可是实权派，路子宽，朋友多，需要帮忙可以找他。

(2) 约翰·梅森·布朗是一位作家兼演说家。一次，他应邀去参加一个会议并进行演讲。演讲开始前，会议主持人将布朗先生介绍给观众。下面是主持人的介绍语：先生们，请注意了。今天晚上我给你们带来了不好的消息。我们本想要求伊塞卡·马克森来给我们讲话，但他来不了，病了。(下面嘘声)后来我们要求参议员布莱德里奇前来，可他太忙了。(嘘声)最后，我们试图请堪萨斯城的罗伊·格罗根博士，也没有成功。(嘘声)所以，我们请到了——约翰·梅森·布朗。(掌声)

(3) 我给各位介绍一下：这小子是我的铁哥们儿，开小车的，我们管他叫“黑蛋”。

讨论：

① 以上介绍方式各存在什么问题？

② 在交际场合中进行介绍时，应该注意哪些规范？

一、学习目标

社交礼仪是每一个社会个体都需要学习和掌握的、与日常生活和工作息息相关的行为规范。仪表修养是个体的基本能力素养之一，直接关系到个体形象和职业形象的塑造。本章旨在引导学生掌握社交的常用礼仪规范和基本要求，从而塑造学生良好的形象；了解仪容、仪表的重要性，掌握生活、工作中基本的仪容仪表要求，提高学生的社交能力，为将来走向工作岗位，展现个人工作能力和行为魅力奠定基础。

二、理论阐述

(一) 社交礼仪

社交礼仪是指在人际交往、社会交往和国际交往活动中，用于表示尊重、亲善和友好的首选行为规范和惯用形式。社交礼仪是一种道德行为规范，其直接目的是表示对他人的尊重。良好的社交礼仪能够交流信息、增进感情、建立关系、充实自我。

对于大学生来说，见面礼仪、宴请礼仪、馈赠礼仪、通信礼仪是日常生活中经常接触到的。见面礼仪包括介绍、握手、递送与接收名片、称谓等；宴请礼仪主要是指宴会的形式和礼仪，需特别注意中餐、西餐的文化及习惯；馈赠礼仪主要指商务活动特别是企业礼品的馈赠方式；通信礼仪主要指电话、电子邮件、手机等通信方式的相关礼仪。

在学校开展社交礼仪教育，有助于大学生与他人建立良好的人际关系，形成和谐的心理氛围，促进大学生的身心健康，促进大学生的社会化，提高其社会心理承受能力；有助于对大学生进行思想道德教育，提高其思想道德素质，促进社会主义精神文明建设。

(二) 仪表修养

仪表修养是个体的基本能力素养之一，直接关系到个体形象和职业形象的塑造。本章旨在引导学生了解仪容、仪表的重要性，掌握生活、工作中基本的仪容、仪表要求，从而引导学生树立重仪表、讲文明、守礼仪的交往态度。

仪容就是指人的容貌，它包括五官的搭配和适当的发型衬托。仪容是一个人仪表美的重要组成部分，在社交中占有举足轻重的地位，反映着一个人的精神面貌、文化水平、生活情趣和审美意识。良好的容貌可以使人看上去精神焕发、神采飞扬，而面带污垢、容颜不整会使人看上去萎靡、疲倦和无精打采。

仪表指人的外表，它包括容貌、姿态、神态、服饰、风度、个人卫生等。在社交场合，一个人的仪表不但可以体现他的文化修养，也可以反映他的审美情趣。穿着得体，不仅能给人留下良好的印象，赢得他人的信赖，而且还能够提高自己的信心，提高与人交往的能力。相反，穿着不当，举止粗俗不雅，往往会降低自己的身份，损害自己的形象。

三、现状及原因分析

(一) 社交礼仪的现状及原因分析

知书达理，以礼待人，应该是当代大学生的基本素质，然而在大学校园中仍然有许多不知礼、不守礼、不文明的行为，还有许多与大学生的礼仪修养、精神文明建设极不和谐的现象发生。究其原因，有以下几个方面。

(1) 部分大学生在交往中以自我为中心，狂妄自大。

现在的家庭多为“421”结构，孩子是家庭的中心，备受溺爱，这使得他们在日常学习、生活和工作中往往表现得自以为是、目中无人、以自我为中心、听不进去别人意见、求全责备等，偏离了友谊、无私、平等、尊重的根本原则，这是他们缺乏社交礼仪的一种表现。

(2) 部分大学生在交往中不懂得如何建立良好的人际关系。

部分大学生带着良好的人际关系期望值与同学来往，但由于不懂得建立良好人际关系的正确方法，往往事与愿违，不仅同学关系很糟糕，师生之间的关系也不和谐，寝室内部更是矛盾重重，长此以往，这些大学生便失去耐心和宽容，走向退缩。另外一些大学生没有走出早期形成的依赖他人的模式，在人际交往中往往出现依赖他人、利用他人等心理，最终导致人际关系不和谐。

(3) 部分大学生在交往中缺乏技巧。

交往中语言艺术和技巧的缺乏，给大学生带来了很多困扰。有的同学不善于表达，不敢去交际和展现自己，导致形单影只；有的学生在毕业找工作时，笔试关过了，面试却屡试屡败；还有的同学在生活和工作中经常因为言语表达不到位而引起他人误会……这些都是不善使用交际技巧、语言表达无艺术性的表现。不论是在校园里，还是将来从事工作，大学生都必须学会与人交往的技巧。

作为一名大学生，适应大学的生活环境，以成熟理智的姿态走向社会和工作岗位，是发展成为“独立的人”的需要。能否与他人建立良好的关系，能否在日常行为举止中传达良好的社交礼仪规范，对每一个人的学习和成长都有十分重要的影响。本节将从见面礼仪、宴请礼仪、馈赠礼仪等方面，对大学生应该掌握的基础社交礼仪进行介绍。

(二) 仪容、仪表的现状及原因分析

当代大学生正处于努力学习、实现人生目标与理想的关键时期，恰当的仪容、仪表应该是朝气蓬勃、文质彬彬、整洁大方。当前，校园中绝大多数学生都能做到发型整洁、面容干净清爽、服装得体、言行举止落落大方，但“犹抱琵琶半遮面”、浓妆艳抹、穿着暴露等造型也不乏其人。究其原因，有以下几个方面：

(1) 强调个性表达、追求时尚元素是大学生仪容、仪表不当的重要原因。大学生的年龄大多为18～22岁，随着性别意识的觉醒，他们开始关注自身形象。不少同学一味哈韩、哈日，或疯狂追捧某一歌星、演员的装扮，其实质是虚荣、盲从心理在作怪。更有甚者装扮另类，如烫染夸张的发型发色、穿艳丽轻佻的服装等，目的仅是为了吸引他人的眼球，显示自己的与众不同和追求时尚。

(2) 校园攀比之风盛行，加剧了大学生仪容、仪表不当的现象。从众心理和求异心理

是学生消费攀比的心理学动因，学生在推崇世俗化的物质享受时，在群体消费行为中往往会滋生独领风骚的畸形心理，由此导致仪容、仪表不规范的学生增多。同时，大学生对于护肤用品、衣服饰品等消费内容和穿衣风格、妆容品位等的选择也具有从众心理，极易受到身边朋友的影响，导致他们在仪容、仪表方面的攀比心理和模仿行为。

(3) 仪容、仪表，生活礼仪等素质教育内容未引起高校和学生的足够重视。近年来高校思想政治教育工作虽然在不断创新，也取得了较大的进展，但因思政教育工作者主观认识、学校科研条件、人员配置等各种因素的影响，对学生的礼仪观、价值观、消费观的实践教育模式尚未建成，树立正确礼仪规范、鼓励勤俭节约、正确对待外来文化的校园文化内容模块尚未完善。要帮助大学走出审美误区，就必须引导他们正确认识美、理解美、追求美，树立正确的审美观，这也是大学教育工作中不可忽视的重要内容。

四、提升途径

(一) 社交礼仪的提升途径

1. 见面礼仪

1) 自我介绍

自我介绍是在必要的社交场合，把自己介绍给他人，以便让对方认识自己的过程。恰当的自我介绍不仅能增进他人对自己的了解，扩大自己的交际范围，广交朋友，而且有助于自我宣传，在交往中减少麻烦、消除误会。自我介绍要掌握以下技巧：

(1) 把握时机。自我介绍宜选择在对方有兴趣、有空闲、情绪好、干扰少、有要求之时，这样不会打扰对方，反之则不适合进行自我介绍。

(2) 掌握时间。进行自我介绍一定要力求简洁，言简意赅，通常半分钟左右为佳，如无特殊情况最好不要超过一分钟。同时，为了提高效率，节约时间，在做自我介绍时，可利用名片、介绍信等资料加以辅助。

(3) 注意态度。做自我介绍时应镇定自信、真挚诚恳、落落大方、彬彬有礼，这样有助于给人好感。相反，如果你流露出畏怯和紧张，结结巴巴、目光不定、面红耳赤，则会给人不自信的感觉，让彼此沟通产生阻碍。

另外需要注意的是，自我介绍时应先向对方点头致意，得到回应后再开始向对方介绍自己。

2) 为他人介绍

为他人介绍是第三者为彼此不相识的双方引见的介绍方式。一般情况下，为他人介绍是双向的，即第三者需要对被介绍的双方都作一番介绍；有的情况下，也可以只将一方介绍给另一方，但前提是前者已经知道后者的身份，而后者不了解前者。

(1) 介绍者与被介绍者。介绍者通常是社交活动中的东道主、家庭聚会中的主人、公务交往中的礼仪专职人员、活动中的身份地位较高者，或者是熟悉双方的人。被介绍者应该热情，目视对方，除女士和年长者外，被介绍者应起立，但在会议桌、宴会桌等场合，点头微笑即可。

(2) 介绍的事项。关于介绍的内容，一般只介绍双方姓名、单位、职务，有时为了增进双方间的信任，还可以说明被介绍方和自己的关系，强调其才能、成果等。同时，在介绍具体的人时，不仅要了解双方是否有结识的意愿，还要使用敬辞，用手势示意而不要用手指去指点。

(3) 介绍的顺序。一般情况下，为了表达尊重之意，介绍时应以长者优先、女士优先、职位高者优先。示例如下：

宋教授，请允许我向您介绍一下，这位是振兴外国语学校的王老师。

刘小姐，请允许我介绍一下，这位是东方广告公司的宋经理。

张总，请允许我介绍一下，这位是奔腾电脑公司的刘主任。

但是，如被介绍的一方是自己的家人，那么通常应该先将家人介绍给别人；如果是朋友和熟人之间，则应该先将关系较近的人介绍给关系较疏远的人。

3) 握手礼仪

握手是人们交往过程中最为常见且适用范围十分广泛的见面礼，是一种使用非常频繁的传达情意的形式。在当今社会交往中，握手的场合非常多，握手所表达的含义也非常丰富。

(1) 握手的场合。介绍认识、重逢、迎接、告别、祝贺、感谢、慰问、道歉等场合均可握手。

(2) 握手的顺序。一般情况下，握手讲究的是“尊者居前”，即通常应由握手双方之中身份较高者首先伸出手来，反之则是失礼的。当女士和男士握手时，应由女士首先伸手；如女士无握手之意，男方应点头或鞠躬致意；如果男方为长者，则应以长者为先。在长辈和晚辈之间，当长辈伸出手后，晚辈才能握手。上级和下级之间，应前者先伸手。主人与客人的握手较为特殊，正确的做法是客人抵达时，应由主人首先伸手以示欢迎之意；客人告辞时，由客人先伸手以示主人可就此留步。

(3) 握手的礼仪。与他人握手时神态应当专注、认真、友好，调整身形姿态，与人握手时应起身站立。注意力度，握手时手指稍用力握住对方手掌即可，用力既不可过轻，也不可过重；男性与女性握手时，只需轻轻握女性的手指即可；异性握手一般不用双手。把握时间，握手时间的长短可因人、因地、因情而异，初次见面时握手以三秒左右为宜。

(4) 握手的禁忌。忌用左手、忌戴手套、忌戴墨镜、忌手脏；多人相见时，忌交叉握手、忌过分热情。

4) 递接名片礼仪

名片是日常生活中人们用来表明自己身份的卡片，一般写有姓名、工作单位、职位、联系方式等，多用于工作场合。名片按用途可以分为商业名片、公用名片和个人名片。商业名片指企业在业务活动中使用的名片，有营利性；公用名片是政府和社团对外交往中使用的名片，不以营利为目的；个人名片用于朋友间交流感情，多附有照片、家庭信息、兴趣爱好等，设计较有个性。

(1) 携带名片。携带名片要遵循一定的原则，即足量适用、完好无损、放置妥当(位置固定、不与他物混杂)。

(2) 递送名片。应当在交往双方均有结识对方、建立联系的意愿的前提下递送名片。递送名片要掌握时机，可在见面初或分别时，不要在会议、用餐时递送名片。递送名片要用双手或右手，用拇指和食指执名片两角，正面朝上，可顺带“请多关照”“欢迎前来拜访”等话语。两人交换名片时，应先由低位者向高位者递送名片；多人递交名片时，宜由近及远、顺时针或逆时针方向依次发送。

(3) 接收名片。接名片要起身或欠身，面带微笑，用双手拇指和食指接住名片的下方两角，口称“谢谢”“我十分荣幸”等。接到名片后，应从头到尾认真看一遍，可将对方职务、头衔读出来，以表示尊重。

(4) 索要名片。互换法，即在主动递送自己的名片后，对方通常会回送一张自己的名片，如担心对方不回送，可明言“能否有幸与您交换一下名片？”暗示法，即用含蓄的语言暗示对方，如向长辈索要名片时可说“请问今后如何向您请教？”向平辈或晚辈表达此意时可说“请问今后怎样与你联系？”

2. 宴请礼仪

宴请是一种常见的社会活动。一般情况下，举办宴请和参加宴请活动都是以交际为目的，是增进友谊、融洽氛围、沟通交流的重要手段。通常宴请形式有宴会、招待会、茶会、工作餐等，每种宴请都有特定的规格和要求。比如，招待会上通常备有食品、酒水、饮料，但不备正餐，不排席位，可自由活动；酒会往往安排在各种开幕、闭幕典礼，文艺、体育招待演出前后，形式活泼，男士一般穿西装，女士要化妆、穿小礼服，招待品以酒水为主。

1) 宴请事宜

(1) 制订宴请计划。宴会前需确定宴请目的、宴请对象、宴请形式和宴请的时间及地点等。要特别注意的是，在确定宴请的范围和规模之后，对于请哪方面的人士、请到哪一等级、请多少人、请何人作陪等都需要考虑。草拟邀请的名单包括被邀请人的姓名、职务、称呼、是否有配偶参加等各项信息，这些都要准确核对。

(2) 邀请宴请嘉宾。正式的宴请活动一般以主持宴会的领导个人名义署名发请柬，一般不宜用单位名义印发请柬，非正式的宴会还可以电话邀请。

(3) 宴请场地布置。宴会布局取决于活动的性质，官方正式活动以严肃庄重为主，不用霓虹灯装饰，可用少量鲜花，家庭聚会可装扮得热闹喜庆。宴会可用圆桌、方桌或长桌，两桌及以上的宴会，桌子间的距离要适当。如有乐队演出，乐队位置不要离宴会桌太近，乐声宜轻。

(4) 宴请席位安排应注意的事项。以右为尊，如男女主人并坐，则男左女右；以右为大，如席设两桌，男女主人应分开主持，右桌为大。职位高者为尊，如职位相同，则依官职之伦理定位。与宴宾客涉及各行业时，应以政府官员、社会团体领袖、社会贤达为序。末座不能安排女性。男女主人的宴会，如邀请了顶头上司，则应以领导为尊，自己坐次位。

(5) 宴请接待礼仪。宴会开始前，主人应在门口迎候来宾。客人抵达后，宾主握手问候，由工作人员将客人引入宴会厅或休息厅。宴会中如有讲话，可安排在热菜之后甜食之前，遵循先主人后客人的顺序。宴会结束后，主人送宾客至门口。

2) 中餐礼仪

中餐宴会的席位排列体现了来宾身份和主人给予对方的礼遇，这是一项非常重要的内容，可分桌次和位次两方面。

(1) 桌次排列。中餐宴请往往采用圆桌布置菜肴和酒水。排列圆桌时，餐桌的大小形状要基本一致，如桌数较多，主桌可以略大。

(2) 位次排列。中餐宴会用圆桌，排列位次的方法有四种，它们往往同时发挥作用。方法一，主人面向正门而座，并在主桌就座；方法二，多桌宴请时，每桌都要有一位主桌主人的代表在座，位置一般和主桌主人同向，有时也可面向主桌主人；方法三，各桌位次的尊卑应根据距离该桌主人的远近而定，近为上远为下；方法四，各桌距离主桌主人相同的位置以右为尊。

中餐宴会用餐注意事项：

(1) 入席。按照主人的安排就座，如旁边有女宾或长者，应帮助他们先就座。

(2) 注意地方习惯和寓意。如在渔家、海员家吃饭时，忌讳把鱼翻身，因为有翻船之意。

(3) 主人祝酒致词时，不要吃东西，不要取食物，应停止交谈，注意倾听。

(4) 彼此之间可以让菜，劝对方品尝，但不要为他人布菜。

(5) 正式宴会有侍者布菜，不要拒绝送来的菜，也不要对菜品横加挑剔。

(6) 用餐时坐姿要端正，肘部不要放在桌沿，餐巾可以用来擦嘴，但不能用来擦汗或擦鼻涕。

(7) 用餐时不要摇头晃脑、宽衣解带、声响大作。

(8) 用餐期间不要敲打、比划。

(9) 用餐中不要当众补妆。

3) 西餐礼仪

西餐是西式饭菜的统称，西餐的席位排列和中餐有相同之处，也有区别之处。

(1) 西餐宴会的席位排列：

① 女士优先。西餐排定用餐席位时，一般以女主人为第一主人，在主位就座，男主人为第二主人，在第二主位就座。

② 距离定位。距离主位的远近可以决定西餐坐上席位的尊卑。

③ 以右为尊。在西餐排席时，男主宾要排在女主人的右侧，女主宾要排在男主人的右侧。

④ 面门为上。在餐厅内，面对餐厅正门的位子高于背对餐厅正门的位子。

⑤ 交叉排列。即男女应当交叉排列，熟人和陌生人也应当交叉排列，这样可以广交朋友。

(2) 西餐上菜顺序。比较简单的西餐菜单是，开胃菜—面包—汤—主菜—点心—甜品—咖啡。

(3) 西餐餐具的使用。西餐餐具主要有刀、叉、匙、盘、碟、杯等，不同的菜肴要用不同的刀叉，不同的酒要用不同的酒杯。餐具的摆法为正面放汤盘，左手位放叉，右手位放刀，汤盘前方放匙，右前方放酒杯，餐巾放餐盘上或插水杯里，面包、奶油盘摆在左前方。使用刀叉时，注意吃一道菜换一副刀叉，用法为右手持刀，左手持叉，一边切一边叉食。宴会以主人拿起餐巾为开始，进餐时将餐巾平铺在双腿上，当主人将餐巾放在桌子上时表示宴会结束。就餐期间离席时，应将餐巾放在椅子上，表示自己还会回来吃；如将餐巾放在桌子上，表示不想再吃。

3. 馈赠礼仪

人们相互馈赠礼物是社会生活中不可缺少的交往内容。馈赠，即赠送礼品，礼品是传情达意的形式，也是情感的象征和媒介，可展示赠者的人品和诚意。

(1) 馈赠的时机。送礼的时机以及时适宜为原则，中国人讲究“雪中送炭”，重视送礼的时机性和效用性。一般来说，时间贵在及时，超前、滞后都达不到馈赠的效用；机会贵在事由、情感及其需要的程度。归结起来有以下几种情形需考虑送礼：喜庆嫁娶、欢庆节日、探望病人、酬谢他人、拜访做客、还礼等。

(2) 礼品的选择。馈赠之前要认真选择礼品，要考虑对方有什么爱好、兴趣和禁忌，其次要考虑送礼的原因和目的，使所送的礼品恰如其分。礼品不可太贵重，贵重的礼品易使对方产生不安，或有行贿之嫌。针对不同的收礼对象，在选择相关礼品时应注意：赠送家贫者以实惠为好；赠送富裕者以精巧为好；赠送爱人以纪念性为好；赠送朋友以满足趣味为好；赠送老人以实用为好；赠送孩子以启智新颖为好；赠送外宾以特色为好。

(3) 馈赠的禁忌。馈赠之前应先了解对方所在地区的风俗和禁忌。

(二) 仪容仪表的提升途径

现代人生活在社会交往日益密切的地球村落，人们比以往更加注重自己的着装打扮，因为这些“简单小事”如同一扇扇窗口，真实反映着一个人的精神状态、内在文化素养和审美情趣的高低与雅俗。那么，作为当代大学生，应该如何展现和提升仪容仪表之美呢？

1. 打造自然整洁的仪容

(1) 做好基础护肤工作。护肤包括深层护肤和表层护肤两方面，前者的主要功能是为皮肤提供营养，后者的主要功能是为皮肤增加一层保护膜，防止外界不良环境对皮肤造成侵害。

女生的基础护肤工作比较繁杂，可分为清洁、爽肤、营养、防护四个步骤。其中，清洁工作早晚各一次，如果白天用过隔离或防晒产品，则首先要卸妆，眼部和唇部需要使用专门的眼、唇卸妆产品，清除眼线、睫毛膏、唇膏后，再用洗面奶清洁面部。爽肤时，可用化妆棉蘸爽肤水或柔肤水轻拍脸部及颈部，直到化妆棉上没有污垢及残留化妆品的痕迹为止。营养主要与护肤产品有关，即针对个人皮肤的类别和特点，选用润肤水、爽肤乳、润肤液、润肤霜、精华液等，给皮肤补充必要的水分和营养。防护是指使用隔离霜、防护霜等给予皮肤保护，并可作为彩妆的基础，使用时应注意用指腹或海绵将隔离霜、防护霜向外推开、推匀，特别注意下巴、发际线等交接处要做到颜色融合。

和女生繁琐的护肤程序相比，男生的基础护肤工作相对简单，一般可分为清洁、补水、营养三个方面。清洁时可选用清水，若皮肤比较油腻，可以选用洗面皂或洗面奶。补水适宜选用清爽型的爽肤水，让皮肤轻松而不失润泽。营养则用乳液或者面霜平衡肌肤的水分和油脂。此外，男生还有剃须护理，这也是男士护肤的重点，要注意选择品质好、刺激小的剃须膏、皂或温和的剃须水。先顺着胡须的生长方向剃除较长的胡须，然后再逆剃，这样可以将短的、坚硬的胡须剃除干净。剃完之后可以用毛巾进行热敷，让受伤的毛囊得到缓解。

(2) 化出合适得体的妆容。化妆可分为基础化妆和重点化妆。基础化妆是指整个面部的基础敷色，包括清洁、滋润、收敛、打底与粉扑等，具有护肤的功效。重点化妆是指眼、睫、眉、颊、唇等器官的细部化妆，包括加眼影、画眼线、刷睫毛、涂鼻影、擦胭脂、抹唇膏等，能增加容颜的秀丽并呈现立体感。就基础化妆步骤而言，将上文提到的洁面、爽肤、营养、防护四个步骤落实到位即可，随后可按顺序使用粉底、散粉、眉笔、腮红、口红等进行重点化妆。

男士除主持、表演等特殊场合需要化妆外，日常生活中化妆的需求较小，此处不再赘述。

(3) 发型选择应因地制宜。任何一个人在选择发型时，都要考虑自身的发质、年龄、身材、职业、场合等因素，综合平衡后再作出选择。通常，男性选择发型的原则是简洁和清爽，不宜留长发，女性的原则是端庄，不宜崇尚华丽和美艳的发型。

长脸型女生应选用优雅可爱的发饰来缓解由于脸长而形成的严肃感，顶部应平伏，前发宜下垂，使脸部显得圆一些，可将头发做成卷曲波浪式，或选择松动而飘逸、整齐中带点乱的发型，这样可增加优雅的气质。长脸型男生发型修饰的重点应放在脸颊两侧的头发，要制造出蓬松和层次感，从视觉上增加脸型的宽度。

圆脸型女生应注意增加发顶的高度，使脸型稍稍拉长，给人以协调自然的美感；在梳妆时要避免面颊两侧的头发隆起，否则会使颧骨部位显得更宽；宜侧分头发，梳理垂直向下的发型。圆脸型男生可以参考两种思路，一是增加发顶的高度，二是用脸颊两边的侧发来挡住部分脸部轮廓，最好选择在前额的刘海长过眉毛后再进行发型修饰。

方脸型女生的梳妆要点是以圆破方，以柔克刚，使脸型的不足得到弥补，可将头发编成发辫盘于脑后，不宜留整齐的刘海，也不宜全部暴露额部，可以用不对称的刘海修饰宽直的前额边缘线，同时又可增强纵长感。方脸型的男生应通过蓬松头顶的头发，理出两侧头发的层次，随意侧分刘海的方法来缓解脸型的僵硬感。

椭圆脸型是女性最完美的脸型，长短发型均可，但应尽量将脸显露出来，以突出这种脸型协调的美感，而不宜用头发将脸遮盖过多。椭圆形脸型的男生发型打理非常方便，可以较好地驾驭各类发型。

2. 选择恰当得体的着装

古往今来，着装都体现着一种社会文化。从某种意义上来说，服饰是一门艺术，它所传达的情感甚至是语言所不能替代的。恰当的着装与服饰，会给人以良好印象，提高社交的成功率；反之则会降低身份，损害形象。

TPO 原则是有关服饰礼仪的基本原则之一，即着装要考虑到时间“Time”、地点“Place”、场合“Occasion”。

(1) 时间。一年有春夏秋冬四季，一天有 24 小时，在不同的时间里，着装的类别、样式、造型应有所变化。

(2) 地点。身在室内或室外，驻足于闹市或乡村，停留在国内或国外，身处于单位或家中，着装的款式都应当有所不同，切忌以不变应万变。

(3) 场合。衣着要与场合相协调，着装应适合自己扮演的社会角色。与人会谈、参加正式会议等，着装应庄重考究；听音乐会或看芭蕾舞，则应按照惯例，正装出席；正式宴会时，女士宜穿中国的传统旗袍或西方的长裙、晚礼服，男士宜穿深色正装，佩戴领带或领结；与朋友聚会、郊游等场合，着装应轻便舒适。另外要考虑目的性，如为了表达自己悲伤的心情，可以穿深色、灰色的衣服。一个人穿着款式庄重的服装前去应聘、洽谈生意，说明他郑重其事、渴望成功；而在这类场合中选择款式暴露、性感的服饰，则表示自视甚高，对求职、生意毫不重视，对对方缺乏尊重。

3. 搭配协调适宜的饰物

一般将帽子、围巾、腰带、眼镜、手袋、阳伞、发饰、挂件等统称为饰物。饰物佩戴是服饰礼仪的重要组成部分，它们不仅具有美化功能，还能传播信息，具有一定的象征意义。饰物佩戴的原则如下：

(1) 简洁。饰物的佩戴应追求少而精，主题突出，切忌把全部身家都往身上戴，如果同时带三个以上的戒指，不仅没有美感，反而给人以杂乱的感觉。

(2) 场合。女士赴宴或参加舞会，可以佩戴较大的胸针，平时上班或在家休息，可佩戴小巧、精致、淡雅的胸针、项链、耳环，面试时最好不要佩戴饰物。

(3) 协调。饰物应与服饰相配，领口较低的坎肩服饰必须配项链，竖领上装可不戴项链，项链色彩最好与衣服颜色协调，穿运动服或工作服时不宜佩戴项链、耳环。

(4) 适合。饰物要与佩戴者的体型、年龄相适合，如脖子粗短者不宜带多串式项链，而应戴长项链。宽脸、圆脸和戴眼镜的女士应少带或不带大耳环、圆形耳环。

(5) 色彩。佩戴饰物时应力求同色，若同时佩戴两件及以上饰品，应使其色彩一致或与主色调一致，如可以选择同色系的手袋、鞋子和腰带。

五、活动设计

(1) 自我介绍专项模拟活动。

目的：通过各种场合的情景再现，让学生学会在各个场景下独具特色地进行自我介绍。
形式：请根据以下场景，2～3 人一组，自导自演，展示自我介绍的技巧。

① 求职应聘。

② 求学考试。

③ 在社交场合，与不相识者共处一室。

④ 在社交场合，与同兴趣者寻求交往。

⑤ 在社交场合，与陌生人初次见面。

⑥ 在公共聚会中，朋友介绍其交际圈。

⑦ 在公共聚会中，打算加入陌生交际圈。

⑧ 交往对象忘记自己身份，或担心这种情况可能出现。

⑨ 有求于人，但对方不太了解自己。

⑩ 拜访熟人，遇到不相识者挡驾，或对方不在，需请不相识者代为转告。

⑪ 工作需要，前往陌生单位联系业务。

⑫ 在出差、旅行途中，与他人不期而遇，并且有必要与之进行临时接触。

⑬ 因业务需要，在公共场合进行业务推广。

⑭ 初次利用大众传媒，如杂志、报纸、广播、标语、传单等，向社会公众进行自我推荐、自我宣传。

(2) 反思自己的仪容仪表。

① 你距上次洗脸或审视自己的面容或妆容已经有________小时，而且你常常(意识、未意识)到这个问题。

② 对自己的手，你________ (不太、常常)给予很多关注，并(进行、不进行)相应的保养。

③ 你________ (会、不会)修饰自己的眉形，而且总是________ (定期、从不)修剪自己的眉毛。

④ 你认为化妆是________ (必要的、可有可无的)，你总是________ (化妆再出门、素颜朝天)。

⑤ 作为女性，你________ (经常、从不)练习化妆技巧。

课 后 练 习

1. 如何正确地进行自我介绍？
2. 请论述中餐和西餐席位排列的规则。
3. 着装的基本原则是什么？

参考文献

[1] 杨丹青. 大学生入学指南[M]. 北京：北京理工大学出版社，2018.
[2] 崔成前，赵鹏. 你好！新同学[M]. 成都：电子科技大学出版社，2020.
[3] 郝骞. 开启新篇章：大学生入学教育[M]. 广州：华南理工大学出版社，2018.
[4] 何先卫，姚菡. 大学生素质提升指导[M]. 西安：西安电子科技大学出版社，2018.
[5] 李欣. 现代交际礼仪[M]. 北京：清华大学出版社，2019.
[6] 杨东平. 大学的精神[M]. 沈阳：辽海出版社，2000.
[7] 郴永华，田文涛. 大学生安全教育读本[M]. 北京：北京理工大学出版社，2010.
[8] 黄希庭. 大学生心理[M]. 上海：上海人民出版社，2000.